# 论语

## 百句

增订本

傅 杰 著

中华书局

**图书在版编目（CIP）数据**

论语百句/傅杰著. —增订本. —北京:中华书局,2024.7
(中华经典百句/陈引驰主编)
ISBN 978-7-101-16407-7

Ⅰ.论… Ⅱ.傅… Ⅲ.《论语》-研究 Ⅳ.B222.25

中国国家版本馆 CIP 数据核字（2023）第 207444 号

| | | |
|---|---|---|
| 书 名 | 论语百句(增订本) | |
| 著 者 | 傅 杰 | |
| 丛 书 名 | 中华经典百句 | |
| 丛书主编 | 陈引驰 | |
| 丛书策划 | 贾雪飞 | |
| 责任编辑 | 胡正娟 | |
| 封面设计 | 毛 淳 | |
| 责任印制 | 陈丽娜 | |
| 出版发行 | 中华书局 | |
| | （北京市丰台区太平桥西里 38 号　100073） | |
| | http://www.zhbc.com.cn | |
| | E-mail:zhbc@zhbc.com.cn | |
| 印 刷 | 天津善印科技有限公司 | |
| 版 次 | 2024 年 7 月第 1 版 | |
| | 2024 年 7 月第 1 次印刷 | |
| 规 格 | 开本/880×1230 毫米　1/32 | |
| | 印张 10⅝　插页 2　字数 180 千字 | |
| 印 数 | 1-10000 册 | |
| 国际书号 | ISBN 978-7-101-16407-7 | |
| 定 价 | 69.00 元 | |

# 总　序

我们的"传统",是我们走向未来的负担还是资源？这个问题曾经,或许至今仍会引起人们的争议。

在我看来,答案是清楚的。

世上没有纯然正面的或者纯然负面的存在,既有的经验对于当下及未来的价值如何,端赖我们自己的抉择。今天,我们应该都了解,所谓"传统"不是过往存在的一切,而是被身处时间下游的我们在此刻所看取、认同和实践,从而得到延展、生发的那一部分。我们不是被动地承受"传统"的影响和作用,而是在承受的同时,站在我们当下的立场,努力尝试着塑造"传统"。说到底,我们的当下和未来,由我们自己负责,而不是任何过往。

在这个意义上,我们既往的文化传统,在人类文明的发展之中,历史既悠久而绵延,蓄积自非常之丰厚,足以成为我们的资源,供我们弋取、参稽、实践。这是我们对中华文化的先人们理所应当怀抱感恩之情的缘由。

中华文化的多元丰富，呈现在物质、制度和精神诸方面，而各层面的传统文化当今的存在与价值，容有不同的现实意义和可能前景。物质文明曾有的光辉，已经历了日新月异的知识、技术进步的挑战；制度的构造在空前扩大的时空范围内，处于与不同文明的别样类型持续的协商、通约之中；观念与思想的世界在显示着独特的精神取向的同时，有待更深入的沟通、理解和互融。

然而无论如何，我们走近乃至走进我们自己的文化传统，尤其是观念与思想世界的路径，是通过传统的典籍。历代流传至今的中华经典，最为直接而全面地承载了我们的文化。我们文化的历史信息、知识经验乃至聪明智慧，有赖经典文本留存、展现在我们眼前。

中华经典，远可追溯至三千年前，近则可晚到近代一二百年间，广涉从物质文明到思想精神的广阔世界，或长篇巨制或精悍短什，或独抒己见或众声喧哗，或曲折深奥或直白如话，或想落天外或精思入微，数量既夥且形态各异，辩理怡情而各有所宜，上天入地至涵括万有。遍读经典，尽览智慧，只能是理想；钩玄提要，萃取精华，才可谓现实。

"中华经典百句"系列，有意择取历史上具有重要地位且对当下有积极启示的经典文本，寻章摘句，直取关键，对原句加以易解的注译，缀以解说者的认识、领悟和发抒，期待读者能与解读者一同尝脔肉而知鼎味，窥一斑而略识全豹。

或曰："'七宝楼台，眩人眼目，碎拆下来，不成片段'，如此截取语句，岂非破坏了经典本来的整体光华？"然而，古典诗学中有所谓"诗眼"之说，陆机《文赋》也提到文章中"片言而居要""一篇之警策"的情形，经典篇章本身终究内含有精彩而关键的语句，无妨采撷；进而，即使采撷之后的片片闪光与原初的整体光华不尽契合，但如月映万波，水波所映现的万千光闪并非本来之月光，但它们确实是对天空月光的回映，是月光之映照的斑斑印迹——从经典中撷择的精言警句，岂不也正是经典光彩的种种投射？

陈引驰

二〇二四年五月二十八日

# 目　录

# 新版题记

　　这本最早名为《论语一百句》的小书原是复旦大学出版社的命题作文。"百句"只是约数，所选各节有的只有一句，有的包括几句。每节都选录或系阐释、或系发挥的前修与时贤的相关文字，稍加贯串，以申其意；因此而使本书风格略显别致，且常可资回味（都是《论语》原作者与引语原作者的功劳），不计台北繁体字本与首尔韩文译本，已印行十数次。今由中华书局另出新版，乘便稍做加工：一是增加了若干章节，二是改换了部分引语，三是修饰了一些文字。例如《中庸》一节所引解说：

　　孔子学说全部贯注着"中立而不倚"的中庸思想。他赞叹中庸是至高极难的一种美德。中庸应用在人伦上，是父慈、子孝、兄良、弟悌、夫义、妇听；长惠、幼顺；君仁、臣忠。中庸应用在政治上，是"民以君为心，君以民为体"。中庸应用在行为上，是"过犹不及"，"无可无不可"。中庸应用在教育上，是

"求也退（性好谦退），故进之；由也兼人（性好胜人），故退之"。一切都得合乎中庸之道。

这是我十年前修订时从《张政烺文集》第四卷《古史讲义》中引来的，因标"张政烺说"。后来重温早年读过的范文澜《中国通史》，方知乃是范先生的概括，只是个别文字稍有不同。盖以范著成书早，影响广，张先生上世纪五十年代在北京大学讲授先秦史时参照袭用。(《张政烺文集》出版说明本就交代：《先秦史讲义》是当年的学生提供的油印本，"非张先生亲笔"。而其时历史系的"中国通史"课程"系教研室共同讨论授课提纲，体现了当时主流史学观点。因此，讲义中的一些学术观点和表述，带有一定的时代烙印，未必与张先生自己的学术主张一致"。)新版即改为"范文澜说"。

傅　杰

二〇二三年立冬

# 关于《论语》

中国文化的主干是儒家文化,儒家文化的核心是"十三经",而《论语》是"十三经"中唯一一部以记录儒学奠基人孔子的言行为主要内容的典籍。据《汉书·艺文志》:

> 《论语》者,孔子应答弟子、时人及弟子相与言而接闻于夫子之语也。当时弟子各有所记。夫子既卒,门人相与辑而论纂,故谓之《论语》。

南宋大儒朱熹以《孟子》《大学》《中庸》与之并举,而著《四书章句集注》,在元、明、清三代成为科举考试的标准教程。梁启超《要籍解题及其读法》称:"六七百年来,数岁孩童入三家村塾者,莫不以'四书'为主要读本,其书遂形成一般常识之基础,且为国民心理之总关键。"美国汉学家伊佩霞(P. B. Ebrey)在《剑桥插图中国史》中介绍:

> 《论语》为中国的社会、政治和伦理的主要思想提供了基础。它成为后世的圣书,要求学生必须背诵,因此它的许多段

落成为格言，甚至没有文化的农民也会不知不觉地引用。

《论语》全书不足一万六千字，今本共二十篇，篇内分章，多为语录。除了古朴简约，多数且失载说话的语境，从而使得个别段落成了千古之谜，后人只能猜个大概而已。正因为存在这样可钻的空子(类似的空子也存在于若干种其他先秦典籍之中)，于是不止一个自以为聪明的傻子或自以为超人的疯子——我不敢也不忍怀疑他们是骗子——大概觉得历代注家全都等于白活，公然扬言历代注说全是错上加错，只有如秦俑般两千年一现世的自己才是值得孔子感恩戴德、感激涕零的知音。只要想想跳大神的巫婆中不乏玉皇大帝的知音，我们对之也就庶几不必惊为天人而相见恨晚了。

《论语》已有多种外文译本。至于中文相关著作更是五花八门，不可胜计；而且迄今方兴未艾，层出不已。不幸未能免俗，本书亦其一例——虽然绝非不可无，但愿在多数读者眼里还勉强算得上是"可以有"的一例。

# 学习之乐

学而时习之，不亦说乎？

（《学而第一》）

译文：

不断勤学而又经常温习，不是很高兴的事吗？

这是《论语》开篇记录的孔子的第一句话。它既给《论语》全书定了基调,也正可作为我们学习《论语》的劝词。通过学而时习,才能温故知新,日臻佳境。日本汉学名家贝塚茂树谈对这句名言的体会:

这里所说的"学",正如畏友吉川幸次郎先生所言,指的是读《诗经》《书经》等孔子学园的教科书。大概是老师或学长先教导如何读吧。据吉川先生说,学了一次读法之后,就不仅仅是有时、而应该经常地背诵,通过温习加深理解。人生的悦乐将无过于此。

古典的意义,绝不可能只学一次读法就能正确领会,而是必须反复多次才能真正掌握的。"时习"的"时",吉川先生解释,那是包含着重大意义的。这里所指的是:随着年龄的增长,经验的扩大,自省的深化,过去没有吃透的古典的真义,经过常常研究,常常诵读,忽然之间有了顿悟。只有这样,领略到过去一直没有懂的古典的新意义时的喜悦,才是人生的至乐。

《论语》开卷的这段文章,基本上把读书之乐,把有志于学问者的喜悦,以纯正和朴素的句子表述明白了。(《阅读古典的心情》)

而王鼎钧断言:

真正的衰退不是白发和皱纹，而是停止了学习和进取。所以人间有二十岁的朽木，也有八十岁的常青树。

"学而时习之"催人成熟，却防人衰老，这是多么奇妙呀！（《人比人》）

这更是著作等身、已近百岁的老作家的经验之谈，值得我们"时习"，值得我们铭记。

# 交友之乐

有朋自远方来，不亦乐乎？

(《学而第一》)

译文：

有志同道合的朋友从远方来，不也是很快乐的事吗？

这是《论语》开篇记录的孔子的第二句话。欧阳修《朋党论》明辨:"大凡君子与君子以同道为朋,小人与小人以同利为朋。"孔子所说的"朋",无疑是志向与学问上的同道。这样的同道从远方翩然而至,既可交流情感,免我于孤独寂寞;又可砥砺学业,免我于孤陋寡闻,这自然又是让人快乐的事。蔡元培说:

> 人情喜群居而恶离索,故内则有家室,而外则有朋友。朋友者,所以为人损痛苦而益欢乐者也。虽至快之事,苟不得同志共赏之,则其趣有限。当抑郁无聊之际,得一良友慰其寂寞,而同其忧戚,则胸襟豁然,前后殆若两人。(《中学修身教科书》)

这是就情感而言的。再就学业而言,作为中国古代教育学说系统表述的《礼记·学记》早就宣称:"独学而无友,则孤陋而寡闻。"而在文化科技日新月异的今天,同道的互通有无、取长补短更必不可少:

> 方今文化大开,各科学术,无不理论精微,范围博大,有非一人之精力所能周者;且分科至繁,而其间乃互有至密之关系。若专修一科,而不及其他,则孤陋而无藉;合各科而兼习焉,则又泛滥而无所归宿。是以能集同志之友,分门治之,互相讨论,各以其所长相补助,则学业始可抵于大成矣。(《中学修身教科书》)

在这一点上,古今两位伟大的教育家也是心照神交的。

## 自得之乐

人不知而不愠，不亦君子乎？

(《学而第一》)

译文：

别人不理解而我并不怨怒，不也堪称君子吗？

这是《论语》开篇记录的孔子的第三句话。"有朋自远方来"之乐，是为人所知、为世所知时的快活；"人不知而不愠"，是不为人所知、不为世所知时的平和。能否为人所知、为世所知不仅关乎你的愿望、你的能力，也常关乎你的机遇、你所处的世道。孔子的态度是在没有知遇者的时候也不怨天尤人——用后世诗人的话说，是"草木有本心，何求美人折"（张九龄《感遇》）；用后世哲人的话说，是"有得于内，无待乎外"（李泽厚喜欢的格言，见《答记者问》）。清人陈澧指出："《论语》第一章，即说一个'说'字，一个'乐'字，一个'不愠'，可见为学是一片欢喜境界。"（《陈澧先生年谱》引《石砚屏刻论语孟子两句书后示宗谊》）近人梁漱溟指出，"乐"是"孔子生活中最显著之态度"，也是"他生活中最昭著的色彩"：

　　我们一翻开《论语》看孔子的第一个态度，即是孔子生活的道路，一见便觉得他的意味非常之长，非常之妙。《论语》的第一章，孔子开腔便说："学而时习之，不亦说乎？有朋自远方来，不亦乐乎？人不知而不愠，不亦君子乎？"单从这几句话，可见他的态度非常显明，可以想见他心里自得的样子。

（《孔子真面目将于何求》）

而这自得，正是"一种带有形而上色彩的修养和境界。与其说它是一种情绪，不如说它是一种智慧，一种超拔，一种悲天悯人的宽容与理解，一种饱经沧桑的充实和自信，一种光明的理性,一种坚定的成熟,一种战胜了烦恼和庸俗的清明澄澈"(王蒙《喜悦》)。于是"君子不忧不惧"(《颜渊第十二》);于是"君子坦荡荡,小人长戚戚"(《述而第七》);于是孔子"饭疏食,饮水,曲肱而枕之",觉"乐亦在其中矣"(同上);于是颜回"一箪食,一瓢饮,在陋巷",而能"不改其乐"(《雍也第六》);于是寻孔颜乐处,乃成为"君子儒"重要的任务与标志。

梁氏的立论偏重在思想。日本汉学名家吉川幸次郎则从文学角度对这三句话作了赏析:

"子曰:学而时习之,不亦说乎",这个"不亦说乎"是非常稳健但又是极富说服力的表达;"有朋自远方来,不亦乐乎"一句节奏一变,来自远方的朋友出现时,高兴得似乎要和"有朋"一起雀跃欢呼;但是不被人理解的时候,也不生气,在这里文章的韵律继续延伸,又成了"人不知而不愠,不亦君子乎"——实在是非常之美的文章。

这位经常以"我们这样的中国人""我们儒学者"自称的日本汉学大师一往情深地一咏三叹:我所爱的正是《论语》如此这般的美!

# 孔子年谱

子曰:"吾十有五而志于学,三十而立,四十而不惑,五十而知天命,六十而耳顺,七十而从心所欲不逾矩。"

(《为政第二》)

译文:

　　孔子说:"我十五岁立志学习,三十岁学成自立,四十岁不再迷惑,五十岁领悟天命,六十岁听人说好说坏都不觉得逆耳,七十岁诸事随自己的心意却不会越出规矩。"

明儒顾宪成称:"这章书是吾夫子一生年谱,亦便是千古作圣妙诀。"(《虞山商语》卷中)日本哲学大家和辻哲郎申论:

如果这真的是孔子自己的原话,那显然就是孔子的自传了。即便是孔子,也并非从幼年时期开始就爱好学习,而是到十五岁的时候才醒悟了求学之志。此外,他也并非在青年时代就事业有成,而是到了三十岁才刚刚有所立。即便步入人世,也并非什么困惑都没有,而是到了四十岁的时候,才终于坚定地看到了自己的道。不过,在实现这一道的过程中,也并非什么焦虑都没有,到了五十岁的时候终于知道了天命,心绪稳定了下来。即便自己的心绪稳定了,但对世人的言行也并非没有非难、否定的想法,终于到了六十岁的时候才有了对他人宽容的心态。不过,即便对他人能有宽容的心境,也并非对自己的每一次言行都感到认同,还是有不少遗憾和后悔的地方,要到七十岁的时候才能没有这种遗憾和后悔。孔子辞世,被认为是在七十二岁,抑或七十四岁之时,上述述怀之语当是距离其辞世之日不远的时候讲出来的。孔子回顾自己的一生,唯对自己晚年的两三年感到自许。

随着时间的推移,孔子的这一自传描述已经成为一种普遍的人生历程,后人广有共鸣。人们也普遍认为,一生应当有这样一个志学之年、而立之年、不惑之年、知天命之年、耳顺之年等等。当然,不同的人,也会出现不同的情况。步入而立之年但什么都没立得起来，步入不惑之年却困惑重重，步入知天命之年却始终焦躁不安，步入耳顺之年却会以一己之意与他人发生冲突，这些情况都可能会发生吧。不过，虽然什么都还没立得起来，他却毕竟步入而立之年了；虽然始终困惑重重，他却毕竟步入不惑之年了。因此，这种一事无成，或者不能从困惑中解脱出来，会被视为一种未能完成当为之事的欠缺，从而遭到非难。青年人陷入困惑，可以得到宽容，但步入不惑之年的人还沉溺在困惑之中，则会颠覆人们对此人的信任。壮年期的焦躁可以得到同情，但步入知天命之年的人还会焦躁，人们对他的尊敬就会消失。这样看来，上述的阶段，作为常人的一生，可以视为是一种务必要踏上的阶段历程。唯有"从心所欲，不逾矩"这一阶段，不适用于常人。这种不适用，可以说是最富有意味的一点。除去这个最后的阶段，孔子自述自己的生活历程，竟然适用于所有人的人生阶段，从这一点上来讲，不正是意味着彰显了孔子作为人类教师的意义吗？（《孔子》）

    "孔子作为人类教师的意义"是无穷无尽的。即就"吾十有五而志于学"一句而论，贾宝玉作文时开诚布公，直抒胸臆："夫不志于学，人之常也。""圣人十五而志之，不亦难乎？"被贾政痛斥为"不成话"。（《红楼梦》第八十四回《试文字宝玉始提亲，探惊风贾环重结怨》）但"志学"又岂易言哉！废名记述：

前几年我对于孔夫子所作他自己六十岁七十岁的报告，即"六十而耳顺，七十而从心所欲不逾矩"，不能懂得，似乎也不想去求懂得，尝自己同自己说笑话，我们没有到六十七十，应该是不能懂得的。那时我大约是三十，那么四十五十岂非居之不疑吗？当真懂得了吗？这些都是过去了的话，现在也不必去挑剔了。大约是在一二年前，我觉得我能了解孔子"耳顺"与"从心"的意思，自己很是喜悦，谁知此一喜悦乃终身之忧，我觉得我学不了孔夫子了，颇有儿女子他生未卜此生休的感慨。去年夏间我曾将这点意思同吾乡熊十力先生谈，当时我大约是有所触发，自己对于自己不满意。熊先生听了我的话，沉吟半晌，慢慢说他的意思，大意是说，我们的毛病还不在六十七十，我们乃是十五而志于学没有懂得，我们所志何学，我们又何曾志学，我们从小都是失学之人。（《志学》）

熊氏一代大哲，其自省也如此。我们呢？我们是够格的学生吗？我们是够格的学者吗？"我们所志何学，我们又何曾志学"——茫茫人海，芸芸众生，有几个能经得住这一声喝问？

# 安身立命之地

子曰："志于道，据于德，依于仁，游于艺。"

（《述而第七》）

译文：

孔子说："矢志于道，据守于德，归依于仁，悠游于艺。"

这四句的句式是并列的,但在哲学家眼里,"道""德""仁""艺"当然不属于同一范畴——"道"无疑是根本,古今哲学家都作了特别申说。古代的是王阳明:

只"志道"一句,便含下面数句功夫,自住不得。譬如做此屋,"志于道"是念念要去择地鸠材,经营成个区宅。"据德"却是经画已成,有可据矣。"依仁"却是常常住在区宅内,更不离去。"游艺"却是加些画采,美此区宅。艺者义也,理之所宜者也,如诵诗、读书、弹琴、习射之类,皆所以调习此心,使之熟于道也。苟不"志道"而"游艺",却如无状小子,不先去置造区宅,只管要去买画挂做门面,不知将挂在何处。(《传习录》下)

**现代的是冯友兰:**

他对学生们指了一个生活的方向。他说:"志于道,据于德,依于仁,游于艺。"(《论语·述而》)就是说,学生们要以他所说的"道"为生活的方向。有了这个方向,在生活中就可以有所得,这就叫"德"。有了"德"，就可以以之为根据再向前进，以达到完全的人格为目标，这就叫"依于仁"。再加上一些文艺的生活，以为辅助，这就叫"游于艺"。他认为，学生们应该照着这个方向一直走下去，不要顾虑生活中的其他杂事。他说："君子坦荡荡，小人长戚戚。""君子"照着他自己所认为是正的方向一直走下去，不顾虑生活中的个人得失，好像是在阳关大道上走路。路是平平坦坦，人是直来直去。这就是"坦荡荡"。"小人"患得患失，顾虑很多，好像是过独木桥，提心吊胆，时时刻刻恐怕掉下去。这就叫"长戚戚"。"坦荡荡"是乐，"长戚戚"是忧。孔丘自己说，他自己是："其为人也，发愤忘食，乐以忘忧，不知老之将至云尔。"孔丘把"乐以忘忧"作为他自己的一项成就。这确是一项不容易得到的成就。他一生到处碰钉子，应该说是处于忧患之中，但他还是"乐以忘忧"。他是"忘忧"，并不是强制他自己勉强地不变。"不知老之将至"，也是忘忧的一种表现。其所以能如此，就是因为他有一个"安身立命之地"。那就是他的

"道"。(《中国哲学史新编》)

　　王氏说"道"是"常常住"的"区宅",冯氏说"道"是"安身立命之地"——除了他们阐发的哲理,他们所用的比喻也是有相通之处的。

# 克己复礼

颜渊问仁。子曰:"克己复礼为仁。一日克己复礼,天下归仁焉。为仁由己,而由人乎哉?"

颜渊曰:"请问其目?"子曰:"非礼勿视,非礼勿听,非礼勿言,非礼勿动。"颜渊曰:"回虽不敏,请事斯语矣。"

(《颜渊十二》)

译文:

颜渊问什么是仁。孔子说:"加强自我约束,回归礼的要求,这就是仁。有朝一日,人人做到克己复礼,天下的一切就都达到仁的境地了。做到仁只能靠自己,难道能靠别人吗?"

颜渊说:"请问有哪些具体的标准?"孔子说:"不合礼的东西不看,不合礼的声音不听,不合礼的话不说,不合礼的事不做。"颜渊说:"我虽愚钝,但将按照这话去做。"

要达到"仁"的境界,途径是"克己复礼"。勒内·格鲁塞在《中国的文明》中说:

> 儒学的核心概念可以概括为一个字——"仁",它一方面意味着对他人应有仁爱之感,另一方面暗示自己身上应有人性的高贵之感。简单地说,这是一种对自己的尊敬,也是对拥有这一理想所包含的宽厚、忠诚和仁爱美德的他人的尊敬。在人与人的关系中,仁表现为持续不断的克己,这是一种对礼仪的尊重,是一种合乎礼仪的优雅,这种优雅是内心优雅的一种外在显示。

**而罗庸更在《儒家的根本精神》中通贯《论语》多章,作了详细阐发:**

> 一个民族的文化,必有其根本精神,否则这个民族便无法存在和延续。中国民族两千多年以来,虽然经过许多文化上的变迁,但大体上是以儒家的精神为主。所以,中国民族的根本精神,便是儒家的根本精神。

> 儒家的根本精神,只有一个字,那就是"仁"。《说文解字》说:"仁,相人偶也。从二人。"这个字在西周和春秋初年,还没人特别提出来当作为学做人的标目,到了孔子,才提出来教弟子。所以《论语》一部书里,弟子问仁的话特别多,孔子许多不同的答语,对仁的义蕴,也发挥得最透澈。仁就是孔子的全人格,两千多年以来,中国民族共同的蕲向,也便是这仁的实践。

《论语》里记孔子论仁的话,最简单扼要的莫过于答颜渊的一句:"克己复礼为仁。"克己就是克去一己之私,复礼就是恢复天理之公。因为人性本善,人格本全,只为一己的私欲所蔽,陷于偏小而不自知,便有许多恶行出现。有志好学之士,欲求恢复此本有之仁,便须时时刻刻做克己复礼的工夫。及至己私克尽,天理流行,自己的本然,也就是人心之所同然;自己的全体大用,也就是宇宙的全体大用,则天下不期同而自同,不期合而自合,所以说:"一日克己复礼,天下归仁焉。为仁由己,而由人乎哉?"

　　但这为仁的工夫,只在日常的视听言动之中,并非在生活外别有所事。所以颜渊请问其目,孔子答他:"非礼勿视,非礼勿听,非礼勿言,非礼勿动。"因为闲邪存诚,是克己的根本工夫,"学而时习之"也便是时习此事。到了大段纯熟绵密,便可以"无终食之间违仁,造次必于是,颠沛必于是",达于君子的境界了。颜渊在孔门是最纯粹的,所以孔子称赞他"好学""不迁怒,不贰过""其心三月不违仁""吾见其进,未见其止"。其实颜渊的得力处,只是能一息不懈得做收敛向里的工夫。这才真是"学问之道无他,求其放心而已矣"了。

　　克己的工夫,第一在寡欲,《孟子》"养心莫善于寡欲"一章,说得最亲切。因为一切的欲,都是由躯壳起念。心为物累,便会黏滞私小,计较打量,患得患失,无所不至,毁坏了自强不息的刚健之德。所以孔子批评申枨，说："枨也欲，焉得刚？"又说："刚毅木讷近仁。"盖不为物累，便能洒脱摆落，活泼新鲜，使生命成为天理之流行，与宇宙同其悠久。所以曾子说："士不可以不弘毅，任重而道远，仁以为己任，不亦重乎？死而后已，不亦远乎？"

能克去外诱之私，便能深根宁极，卓尔有立，所以木有似于仁。孔子称赞颜渊，说："吾与回言终日，不违如愚；退而省其私，亦足以发，回也不愚。"盖心不外驰，自然有此气象。孔子和左丘明都是讨厌"巧言令色足恭"的，就因为他"鲜仁"，所以仁者必讷。"司马牛问仁，子曰：'仁者，其言也讱。'曰：'其言也讱，斯谓之仁矣乎？'子曰：'为之难，言之得无讱乎？'"因为仁是由"力行"得来的，所谓"先难而后获"，所以君子"先行其言而后从之"，到此才知一切言语，都是浮华了。

克己的最后境界是无我。《论语》说："子绝四：毋意，毋必，毋固，毋我。"意是揣量，必是武断，固是固执，都是意识所行境界中的妄念。因为私欲作主，便尔执持不舍，攀缘转深，把一个活泼无碍的生命弄得触处成障。而其总根源都由于有我，因为我是因人而有的，人我对立，便是自己浑全之体的割裂、缩小，割裂缩小便是不仁。所以克己不但要克去外诱之私，而且要克去意念的妄执；不但要克去意念的妄执，而且要克去人我共起的分别见。到了用力之久而一旦豁然贯通，则大用现前,人我双泯,体用不二,天理流行,这才真是复礼、真是得仁了。

　　颜渊曾述及"夫子循循然善诱人,博我以文,约我以礼"(《子罕第九》),"约我以礼"的具体条目,应该就是这里的"非礼勿视,非礼勿听,非礼勿言,非礼勿动"。

# 朝闻夕死

子曰："朝闻道，夕死可矣。"

(《里仁第四》)

译文：

孔子说："早晨明白了道，晚上就死也无憾了。"

人是有文化——也就是能"闻道"的动物,没有文化——也就是不曾"闻道",就跟其他动物没有了差别,人生独有的意义与价值都无从体现,生也就等同于死了。所以宋人黄晞称:"生而不知学,与不生同。"(《聱隅子》)所以明人钱宰称:"盛衰固常理,何必金石坚?朝闻庶有得,夕死不愧天。"(《拟古》)所以清人魏源称:"不闻道而死,曷异蜉蝣之朝生暮死乎?"(《默觚上·学篇十四》)《汉书·夏侯胜传》记载,汉宣帝即位之初诏议立武帝庙乐,名儒夏侯胜以武帝"多杀士众,竭民财力,奢泰亡度,天下虚耗",根本"亡德泽于民,不宜为立庙乐",被指控为非议诏书、毁诬先帝而下狱并处死刑,而他泰然自若:"议已出口,虽死不悔。"跟他一起被捕且同样被判死刑的还有受其牵连的丞相长史黄霸。两人身在牢房:"霸欲从胜受经,胜辞以罪死。霸曰:'朝闻道,夕死可矣。'胜贤其言,遂授之。"胡文辉称:

> 我觉得,这句话或许是我们祖先最伟大的话语之一,不仅代表了人类的求知欲望,更代表了生命的积极精神。我过去在《中国早期方术与文献丛考》的跋里,引用过马丁·路德的一句话:"即使知道明天世界毁灭,我仍愿在今天种下一棵小树。"这跟孔子、黄霸所言,也是意蕴相通的。(《学问的人生——怀张晖》)

与之前后辉映的是焦竑《玉堂丛语》中的记载:

> 石首杨文定下锦衣狱,与死为邻。公励志读书不止。同

难者笑之曰:"势已如此,读书何为?"曰:"朝闻道,夕死可也。"

孔子并不讳言"死"与"短命"之类的字眼,遣词的直白正体现了态度的通达,受到钱锺书的一再推崇。在用英文写的《还乡》一文中,他向外国读者介绍:

中国古典哲学的很大一部分也是关于死亡的诠释,教人如何面对死亡。不过,由于中国古代哲学家对来世和不朽的信念过于含混,以至不能为生命的终结提供任何安慰或意义。他们考察人生时想必会和阅读神秘小说一样感到不满,因为最后一章都下落不明;且死亡仅仅是恐惧,与诱惑和未知基本不相关。他们因此试图以化解死亡的方式来解释死亡,如称其为悬解、安息("息我以死"),更常见的说法则是回家。……但只有在归于列子名下的著述中,上述观念才找到了最具雄辩性的表达。在对生死代谢发表了长篇议论后,列子云:"鬼,归也,归其真宅。"接下来的论述类乎 Raleigh 关于"死之伟大"(mightie death)的告白:"大哉死乎! 君子息焉,小人伏焉。古者谓死人为归,则生人为行人矣。游于四方而不归者,世必谓之狂荡之人矣。"(《列子·天瑞》)这番话说得很豪气,很漂亮。但总让人觉得有点像黑屋中独处的孩子靠锐声唱歌给自己壮胆。这种雄辩术体现了内心深处畏惧死亡的人以漂亮言辞自慰的需要,他借此说服自己死并非死,而是别物。孔子的态度则更为无畏:他诚实地面对死亡,并直言不讳:"朝闻道,夕死可矣。"(《论语·里仁》)相对于这种坦然接

受天命的态度,悬解、安息、还家等说辞看起来就像是麻醉灵魂的冗词赘语,徒然暴露出嗜酒者无酒喝式的恐慌。(龚刚译)

在用文言写的《谈艺录》一书中,他向本国读者介绍:

> 释老之言虽达,胸中仍有生死之见存,故有需于自譬自慰。庄生所谓"悬解",佛法所谓"解脱",皆尚多此一举。非胸中横梗生死之见,何必作达?非意中系念生死之苦,何必解脱?破生死之执矣,然并未破而亦破也;忘生死之别矣,然未即忘而亦忘也。宋儒所谓放心而未心放者是也。《论语·里仁》孔子曰:"朝闻道,夕死可矣。"明知死即是死,不文饰自欺,不矜诞自壮,亦不狡黠自避,此真置死于度外者。

美学家王朝闻晚年或与会,或登坛,介绍者几乎没有例外地称其为"王朝(cháo)闻先生"。王氏一忍再忍,终于忍无可忍,专门撰文声明:我叫王朝(zhāo)闻,不叫王朝(cháo)闻,自述本名乃王昭文,以早年就读杭州国立艺术专科学校时与同学重名,遂以孔子这句名言中的前两字取而代之,既不变读音,又借此寓志。今人莫明其义,误读其音,不但听来逆耳,而且完全湮没了其命名的用心。正是:

> 名不正则言不顺,
> 是可忍孰不可忍。

# 君子不器

子曰:"君子不器。"

(《为政第二》)

译文:

　　孔子说:"君子不会把自己只当作一个器皿。"

徐英《论语会笺》融会古注云：

　　器者，拘于一用，譬如耳、目、口、鼻，不能相通。故君子之学，不可拘于一器，必求其才之通，识之达，然后可以用周于天下矣。

　　正如米兰·昆德拉揭示的："科学的兴起把人推入了一条专门化训练的隧道，人越在知识方面有所进展，就越看不清作为一个整体的世界，看不清他自己"，最终陷入海德格尔所谓"对存在的遗忘"（《小说的艺术》第一章《被诋毁的塞万提斯的遗产》）——也就是由"人"异化为了"器"。然而"君子"虽不一定"不器"，但仅仅成"器"则一定不是孔子心目中的"君子"。钱穆说：

　　一切智识与学问之背后，必须有一活的人之存在。否则智识仅如登记上帐簿，学问只求训练成机械，毁人以为学，则人道楛而世道之忧无穷矣。（《论语新解》）

朱光潜更说：

　　孔子曾明白说过，"君子不器"，说子贡"汝器也"，多少有一点不足之意。中国从前有一部顶好的书叫做《世说新语》，里面所说的大半是汉魏晋时代人物的风度。读过这部书，我们就可以知道我们中国向来对于胸襟气宇是何等看重。近代教育似乎不甚讲究此道，所以士大夫中颇多卑鄙龌龊之徒，大家

也不以为怪。这是我们大学教育所急应矫正的。(《说校风》)

盖成"器"所需的只是训练(training),成"人"所需的才是教育(education)。英国艺术史家克莱夫·贝尔在《文明》一书中分辨训练是为了获取谋生的技能,而教育则是为了帮助人们理解生活从而享受生活中更为高尚的乐趣。真正受过教育的人崇尚理性,热爱真理,有丰富的感受能力,有一定的价值标准。在贝尔看来,"只有为得到美而有意识地牺牲舒适的人"才有价值观念,选择如何生活的教育而不是如何获利的训练——也就是选择如何成"人"而不是如何成"器",才是高度文明意识的表现。接受了这种文明洗礼的人能"以个人的聪明才智和感受能力认真反对群氓本能,这样的文明决不接受像廉价处理品那样的低标准"。

"不器"的君子,正是"决不接受像廉价处理品那样的低标准"的精神贵族。

# 为己与为人

子曰:"古之学者为己,今之学者为人。"

(《宪问第十四》)

译文:

孔子说:"古代的学者是为自己,现在的学者是为他人。"

按范晔的解释，"为己"是"因心以会道"，"为人"是"凭誉以显物"，前者是为完善自己，后者是为沽名钓誉。（《后汉书·桓彬传》）李弘祺称孔子这两句话"最足以代表传统中国的教育理想"，以"简洁的言词定义了教育的目的：教育的意义来自于个人自身的进取。《论语》的关切对象虽然主要在于德行的修进，当中却也有一项明显可见的含意，亦即学习可以充满乐趣。无论如何，儒家教育的主轴是个人的充实，而不是为了取得别人的肯定或自身的利益"。（《学以为己：传统中国的教育》）然而自孔子的时代以来，"为了取得别人的肯定或自身的利益"来学习显然是普遍现象，所以墨子也说："古之学者，得一善言，以附其身；今之学者，得一善言，务以悦人。"（刘向《新序》引）清儒姚莹说：

> "古之学者为己，今之学者为人。"为己者，如富人之置产，滋生不已，至积千累万，惟深藏而用之。曰："此我之有也，人乌得而与知乎？"如此久之，虽外露有不容掩者，而其守之于内则已固矣。为人者，如荡子之破家，锦绣珠玉，日陈于外，以夸示于人，惟恐人笑其贫也。即非己有，亦假取而欺人，曰："我之富若是，奈何不知？"如此，虽旁观艳羡不起盗心，而其耗竭于内必已多矣。人于财货，身外之物，颇多以为己，而不求人知者；独于学问，身内之事，莫不以为人，而惟恐人之不知，可谓惑矣。（《识小录》）

古典文学大家刘永济学养渊深,于屈赋、《文心雕龙》等典籍皆有重要研究专著。曾受他提携并共事多年的程千帆告诉门生:

前辈基础扎实,刘弘度(永济)先生一生对《庄子》下过很深功夫,但不写东西,只是诗词中时时表现出庄意。我曾经问过他,他说:"你以为读了书一定要让人知道吗?"这话说得多好啊!(蒋寅《立雪私记》)

"为己"的真学者每每无所不知而有所不言,"为人"的假学者常常多所不知却无所不言。刘永济的故事,算得上是"古之学者"的活例。

# 三人行，必有我师

子曰："三人行，必有我师焉，择其善者而从之，其不善者而改之。"

（《述而第七》）

译文：

　　孔子说："只要跟人同行，就必有我师法的对象，他们好的地方就效仿，他们不好的地方就引以为戒。"

孔子能够成为圣人，这至少是主要原因之一；我们不可能成为圣人，没有这样的定力甚至完全没有这样的意识可能也是主要原因之一。常人不仅没有这样的定力与意识，甚至做法往往相反。晚清吴保初就慨叹：

> 孔子曰"三人行，必有我师焉"；孟子曰"予私淑诸人也"；扬雄曰"务学莫如务求师"，故陆子亦亟称之。夫以圣人之才之智，尚不敢自是而不师于人，况常人哉！今之君子则不然，往往耻于师人，而好为人师，顾其才其智，宁独超越于圣人之上乎哉，抑以圣人为不足法耶？(《〈师友绪馀〉引》)

吴氏自亦远非圣人，但金克木说他以"公子哥儿兼维新志士能周旋于保皇与革命两党之间，结交政见不同甚至互相矛盾的人物"(《吴公子保初》)，不知其中孔子"择其善者而从之，其不善者而改之"的教言是不是也起了作用？

# 毋友不如己者

子曰:"主忠信,毋友不如己者,过则勿惮改。"

(《子罕第九》)

译文:

孔子说:"为人要奉行忠信,不要跟不如自己的人交朋友,有过错不要怕改正。"

这两句话在《论语》中出现过两次，一作"毋友不如己者"
（《子罕第九》），一作"无友不如己者"（《学而第一》），意思相同。
这句"无友不如己者"，让一些不敢相信孔子会说出这么不合
常情的话来的人因此而焦虑，于是他们煞费苦心另生别解；更
让不少觉得自己的常识胜过孔子的人因此而骄傲，他们或讥
孔子不知逻辑，或批孔子未免势利。古如清儒江声，他不信
"不如"就是不及的意思："如以不及己而不友之，则彼胜己者
将亦以我为不及而不吾友矣，友道毋乃绝乎？"（《论语俟质》）今
如文人周越然：

　　孔子曰："无友不如己者。"那句话未免太私心了。我自
己是一个中等人，我专想轧上等朋友，不肯轧下等朋友。上等
朋友愿意同我轧朋友么？下等朋友同哪一个去轧朋友呀？中
等人与上等人轧轧朋友，不知不觉地可以变成上等人。下等
人不能与中等人轧朋友，永无变成上等人的机会了。

　　与胜于我们者轧朋友，我们可以受得许多金玉良言。与
逊于我们者轧朋友，我们何不授与少些"金玉良言"呢？我们
固然喜欢得益于人，然而也应该有益于人。朋友间的利益是
互相的，不是单独的，是双方面的，不是一方面的。我们可以
取，也应该予。我引孔子的话，并非有意批评他，我的主旨，无
非要说明交游之道，全在互助，互相为师一事。（《以友为师》）

　　其实《论语》既非孔子写的系统论著，也非针对所有人的

教条,而大多是随机应答弟子的片言只语,且大部分不见完整的语境,不能也不应把每一句话都作机械的解读。不以孔子人生信条视之,而以孔子对某个特定学生的教诲视之,这跟现在的家长与老师教导孩子多与好学上进的同学在一起、少与厌学贪玩的同学在一起并无不同。孔子如在"得益于人"外不懂"也应该有益于人"这等常识,他为什么"有教无类",耗那么多时间教那么多"不如己"的学生?

# 修业门径

子夏曰:"博学而笃志,切问而近思,仁在其中矣。"

(《子张第十九》)

译文:

　　子夏说:"追求广博的知识,树立坚定的志向,提出恰切的问题,致力现实的思考,仁就蕴含在其中了。"

学欲广博,志欲坚定,外问于人,内思于心。柳诒徵称"此是讲一切学问的方法",而且是"讲学问最好的方法"。(《讲国学宜先讲史学》)《论语》中屡见相关的表述,如论博学的有"博学于文"(《雍也第六》),论笃志的有"不降其志"(《微子第十八》),论切问的有"不耻下问"(《公冶长第五》),论近思的有"能近取譬"(《雍也第六》)。王熙元《论语通释》推阐说:

> 唯有博学,才能会通;唯有笃志,才能成功;唯有切问而非泛问,才不至于落空;唯有近思而非远思,才不至于徒劳无功。

他还特别指出:

> 其中"笃志"二字,尤足以表现坚强的毅力。竹添光鸿《论语会笺》就解释得最好,他说:"笃志者,就所学之理,潜心深造,以求必得,谓之笃志。"又引《困勉录》说:"笃志是勿以见异而迁,勿以得半而怠。"为学最忌见异思迁、半途而废,所以子夏开头就说:"博学而笃志",其中"而"字颇能传达一种"可贵"的意味。

复旦大学采用"博学而笃志,切问而近思"作为校训,良有以也。

# 温故知新

子曰：“温故而知新，可以为师矣。”

（《为政第二》）

译文：
孔子说：“能从温习旧知识中生发出新知识，才能够做老师。”

知识是有传承性的，必须通过"温故"的途径，才能达到"知新"的目的。贺麟在《五伦观念的新检讨》中说：

　　必定要旧中之新，有历史有渊源的新，才是真正的新。那种表面上五花八门，欺世骇俗，竞奇斗异的新，只是一时的时髦，并不是真正的新。

**杨树达更撰《温故知新说》，强调：**

　　夫曰"温故而知新"者，先温故而后知新也。优游涵泳于故业之中，而新知忽涌焉，其新出乎故，故为可信也，此非揠苗助长者所能有也。

**而把两者割裂开来，温故而不能知新，则"其病也庸"；不温故而欲知新，则"其病也妄"——所论切中的正是多数学者的通病。**

# 学与思

子曰:"学而不思则罔,思而不学则殆。"

(《为政第二》)

译文:
孔子说:"学习而不思考就会迷惘,思考而不学习就会疑惑。"

明儒王廷相称:"孔门之学,多闻有择,多见而识也,思不废学,学不妄思也。"(《慎言》卷五《见闻篇》)清儒陆世仪称:"悟处皆出于思,不思无由得悟。思处皆缘于学,不学则无可思。"(《思辨录》)胡适阐发说:

> 学与思两者缺一不可。有学无思,只可记得许多没有头绪条理的物事,算不得知识。有思无学,便没有思的材料,只可胡思乱想,也算不得知识。但两者之中,学是思的预备,故更为重要。有学无思,虽然不好,但比有思无学害还少些。(《中国哲学史大纲》)

"学是思的预备,故更为重要"也是孔子的经验——除了"学而不思则罔,思而不学则殆"这句抽象的理论概括,他还做过形象的现身说法:"吾尝终日不食,终夜不寝,以思,无益,不如学也。"(《卫灵公第十五》)然而思可蹈空悬想,学需实在功夫,于是"方今之世,多思者而少学者,唯其思者多不学也,是以其思或无知而狂悖,或孤陋而陈腐"(蒋寅《金陵生小言》)。一位智者讲过一个故事:

> 有那么一个穷乡僻壤的土包子,一天在路上走,忽然下起小雨来了,他凑巧拿着一根棒和一方布,人急智生,把棒撑了布,遮住头顶,居然到家没有淋得像落汤鸡。他自我欣赏之馀,也觉得对人类作出了贡献,应该公诸于世。他风闻城里有一个"发明品注册专利局",就兴冲冲拿棍连布,赶进城去,到

那局里报告和表演他的新发明。局里的职员听他说明来意，哈哈大笑，拿出一把雨伞来，让他看个仔细。（钱锺书《诗可以怨》）

这正是自以为聪明的思而不学者的活画像——既有幸又不幸的是我们常常可以看见这样头顶破布却顾盼自雄的所谓思者曾经、正在并肯定还将继续一个接一个地粉墨登场，招摇过市。

# 知道不知道

子曰："由，诲女知之乎？知之为知之，不知为不知，是知也。"

(《为政第二》)

译文：
　　孔子说："仲由，教你的东西知道了吗？知道就是知道，不知道就是不知道，这才是求知之道。"

李约瑟在他的巨著《中国科学技术史》中评价：对于任何一个现代的科学院来说，这也不失为上佳的箴铭。求知之道，即在知道的就说知道，不知道的就说不知道。强不知以为知，不是自欺就是欺人。朱自清还专门写了《不知道》一文而发挥说：

知道自己的不知道，并且让人家知道自己的不知道，这是诚实，是勇敢。孔子说"是知也"，这个不知道其实是真知道——至少真知道自己，所谓自知之明。

这两句话不断为人引用。上起西汉韩婴的《韩诗外传》："'知之为知之，不知为不知'，内不自诬，外不诬人。"下到清人李渔的《闲情偶寄》："'知之为知之，不知为不知'，此圣贤无欺之学，不敢以细事而忽之也。"而今已成人人可以脱口而出的格言。但要真正做到，一需有承认自己无知的勇气，二需有知道自己无知的明智，而这谈何容易——不承认自己无知而强词夺理、不知道自己无知而自以为是的活例在网上、在报上乃至在学术著作中层出不穷，随处可见。半个多世纪前朱自清曾慨叹"世间有的是以不知为知的人"，而今这样的人是在递减还是在倍增？

只能回答"不知道"了。

听过一个英语绕口令：

If you understand,

Say "understand".

If you don't understand,

Say "don't understand."

But if you understand and say "don't understand,"

How do I understand that you understand?

Understand?

要是你知道，

就说"知道"。

要是你不知道，

就说"不知道"。

但要是你知道了却说"不知道"，

我怎么知道你知道？

你可知道？

如果把后两句改为"但要是你不知道却说'知道'，我怎么知道你不知道"，就几乎可充作孔子这段本来也不无绕口令意味的名言的译文兼注文了。

# 读书与从政

子路使子羔为费宰。子曰："贼夫人之子。"子路曰："有民人焉，有社稷焉，何必读书，然后为学？"子曰："是故恶夫佞者。"

（《先进第十一》）

译文：

　　子路让子羔去做费地的长官。孔子说："这是害年轻人。"子路说："有了百姓，有了地盘，为什么一定要读书，才算为学？"孔子说："所以最讨厌的就是强词夺理的人。"

子路做了季氏的家臣，就来提携年少又质朴的同门。孔子觉得子羔学养未充，责备子路坑人，陆九渊称"以此见夫子欲子羔来磨砺就其远者大者"（《语录》）。不料子路当场顶撞：投身实际政治更长能耐，为什么非读书不可？孔子恐怕有些恼羞成怒，责备终于发展成为责骂。

孔子之所以恼羞成怒，是因为子路的狡辩在一定程度上利用了他的教导。孔子提倡致用，强调力行，并不以书本知识为唯一的甚至是主要的学习内容。但子夏的名言"学而优则仕"（《子张第十九》）应该是代表了孔子基本的教学理念的。他教导学生"工欲善其事，必先利其器"（《卫灵公第十五》）；"无欲速，无见小利，欲速则不达，见小利则大事不成"（《子路第十三》），这些既是从政的原则，也是问学的原则。他推荐高才生漆雕开去当官，但漆雕开却推辞说：我对自己的能力还没有把握。既然这个回答深得孔子欢心，他对子路的不满也就并不让人意外了。

然而小利终究是诱人的——何况其中的利有时还不小，所以有志愿者自甘为之舍学乃至舍身，所以子路的辩词至今也仍不乏知音。民国年间，潘光旦就大跌眼镜，"想不到二千四五百年前，子路已经会说近乎'读书不忘救国'或'学校就是社会，教育就是生活'一类的话"（《说为政不在多言》）了：

子路在孔门列入政事科，时常听见同学们所发"某可使从政也欤?"一类的问题,但是他始终没有了解政治事业,关乎人群的安危利害,万不能让人用尝试和正误的方法来开玩笑,即不能不利用前人的经验成绩,即不能不先有理论上的训练和修养,一言以蔽之,亦即不能不先读书。子路既不了解,又从而为之辞,无怪孔子要骂他"贼夫人之子!"和"恶夫佞者!"了。(《何必读书,然后为学?》)

这位大学者兼教育家痛感"近来谈政治和劝人加入政治事业的人大都犯这个通病。当初子路的用意,要是用现代名词传达出来,不就是'有民众焉,有国家焉,何必读书,然后为学'么?说得再亲切些,不就是'有政治工作焉,有党务工作焉,何必读书,然后为学'么"?他甚至一口咬定:中国高等教育的毫无生气,政治工作的不见起色,"这种子路派的谬误观念着实要负几分责任"。(同上)

# 治国方略

子曰："道千乘之国，敬事而信，节用而爱人，使民以时。"

（《学而第一》）

译文：

　　孔子说："治理一个拥有上千辆兵车的国家，应该认真做事，讲究诚信，节省财用，关爱民生，在恰当的时间役使百姓。"

一要敬业,处事不敷衍,不马虎;二要诚信,讲求信用,诚实不欺;三要节用,崇尚节俭,杜绝奢侈;四要爱人,以仁待人,以人为本;五要役使百姓不违农时,不增加他们的负担。如果执政者能逐条遵行,就接近理想的仁政了。清代同治皇帝的老师、既是名臣也是名儒的倭仁发挥说:

此言治国之要,亦是治天下之要。敬为万事之纲,一言一动尚不可忽,况国事乎!事无论大小,动于一念便思及治乱所关,行于一时便念到安危所系,如何敢不兢兢业业!至于信,乃上下相孚之枢纽。法令一,使人有所率循;赏罚公,使人有所激劝;布一诏旨,四方谅其不欺;创一制度,百年守而不变,是之谓信。国用奢俭,不但关乎经费,并且系乎君心,一有不节,即为败度败礼之根。如寡嗜欲,省工作,止游畋,皆是节用之事。必如此,则财有馀裕,而国用不至匮乏。民者,国之本也。古之人君视民如子,一民饥如己饥,一民寒如己寒,必使无一夫不得其所。《书》曰:"抚我则后,虐我则仇。"可不爱乎?(《讲义·道千乘之国至以时》)

辜鸿铭《张文襄幕府纪闻》记张之洞调任两江总督,一方面提高了对幕僚的工作要求;另一方面为节省开支,下令在署幕僚必须自备伙食,这一改革措施招致了包括辜鸿铭在内的众幕僚的不满。恰好当年会试,八股试题就是"道千乘"一章,放言无忌的辜鸿铭信口冲同僚道:

我大帅可谓敬事而无信,节用而不爱人,使民无时。人谓我大帅学问贯古今,余谓我大帅学问即一章《论语》,亦仅通得一半耳。

借用的是《论语》,紧扣的是事实,骂人不带脏字,调侃淋漓尽致——据辜鸿铭得意的自述,当时"闻者莫不捧腹"。

## 身正令行

子曰:"其身正,不令而行;其身不正,虽令不从。"

(《子路第十三》)

译文:

孔子说:"自身端正,不必发号施令大家也会去做;自身不端正,即使发号施令大家也不会服从。"

简朝亮阐释说：

何注云："令，教令也。"论家说云：行者，上行乎下也，由上言之。从者，下从乎上也，由下言之。既曰不从，则不行无待言矣。谨案：《大学》云："尧舜帅天下以仁，而民从之；桀纣帅天下以暴，而民从之。其所令反其所好，而民不从。是故君子有诸己，而后求诸人；无诸己，而后非诸人。所藏乎身不恕，而能喻诸人者，未之有也。"夫"不恕"者何？其欲正人不先正己乎？（《论语集注补正述疏》附《读书堂答问》）

身教重于言教，孔子从正反两方面强调了执政者以身作则的重要。《淮南子·主术训》："民之化也，不从其所言，而从其所行。"积二十多年在位的经验教训，唐太宗李世民临终在专门为训诫太子而写的皇帝教科书《帝范》中说：

君之化下，如风偃草。上不节心，则下多逸志。君不约己，而禁人为非，是犹恶火之燃，添薪望其止焰；恶池之浊，挠浪欲止其流，不可得也。莫若先正其身，则人不言而化矣。

所谓"先正其身，则人不言而化"，正是"其身正，不令而行"的复述。成语有"上行下效"，俗语有"上梁不正下梁歪"，揭示的也是这个道理。这既是中国以往社会中的官场常识，也是中国人的普遍观念。十九世纪有随公使来北京的日本人编录《官话指南》，收集在中国常用的应对之辞作为外国人学汉语的教材，其中就有一条：

甚么事都得有个榜样儿,上行下效。在上的不要钱,在下的还敢贪赃吗?

可要是"在上的"很少有或者根本就没有"不要钱"的主儿,那无从收拾乱象就是大家不难想见甚至不难看见的了。

# 君正莫不正

季康子问政于孔子。孔子对曰:"政者,正也。子帅以正,孰敢不正?"

(《颜渊第十二》)

译文:

季康子问孔子执政的诀窍。孔子回答说:"政就是正。你要是带头端正自己,谁还敢不端正自己?"

在孔子看来，执政者想要正风气，美风俗，达到有成效的治理，全部奥秘就在这里："苟正其身矣，于从政乎何有？不能正其身，如正人何？"（《子路第十三》）孟子也说："君仁莫不仁，君义莫不义，君正莫不正。"（《孟子·离娄上》）正所谓："朝有媕婀之老，则群下相习于诡随；家有骨鲠之长，则子弟相习于矩矱。倡而为风，效而成俗，匪一身之为利害也。"（曾国藩《陈仲鸾同年之父母七十寿序》）所以只有君先立于仁，才会有尽忠的大夫与敦厚的百姓；而一国中诚信缺失，仁义不行，原因不在倡导不力，而在统治者没有作出模范的表率。

心智正常的执政者都明白这一点。齐桓公问管仲：我们国家不大，资源紧缺，但官僚们从着装到出行都奢华无度，如何才能改变这种状况？管仲回答："君尝之，臣食之；君好之，臣服之"，如今君主吃得讲究、穿得高档，这就是群臣挥霍的原因。如果真想改变现状，就要从你自己做起。（《说苑·反质》）齐桓公带了头，这才在齐国建起了一个节约型社会。白居易说：

> 所谓上开一源、下生百端者也。岂直若此而已哉？盖亦君好则臣为，上行则下效。故上苟好奢，则天下贪冒之吏将肆心焉。（《人之困穷由君之奢欲》）

受孔子影响的古人一再重申："未有己不正而能正人者。"遗憾的是古往今来，却每有"己不正"的人物偏偏窃据了"正人者"的位子——这是历史的不幸，但愿这不是历史的规律！

# 天下何以有贼

季康子患盗，问于孔子。孔子对曰："苟子之不欲，虽赏之不窃。"

（《颜渊第十二》）

译文：

　　季康子苦于盗贼太多，求教于孔子。孔子回答说："如果你不贪图财货，即使奖赏他们，他们也不会去偷。"

从正面说,"子帅以正,孰敢不正"(《颜渊第十二》);反过来说,下有盗贼蜂起,根源即在于上有贪婪无度的统治者。更直白的表述来自老子:正是"上"的租税过多,导致了"民"的忍饥挨饿;正是"上"的聚敛无度,导致了"民"的作奸犯科。(《老子》第七十五章:"民之饥,以其上食税之多,是以饥;民之难治,以其上之有为,是以难治。")《说苑·贵德》篇云:

> 故天子好利则诸侯贪,诸侯贪则大夫鄙,大夫鄙则庶人盗。上之变下,犹风之靡草也。

对这一节的意蕴揭示得最精辟的,是清初思想家李颙:

> "苟子之不欲,虽赏之不窃。"此拨乱返治之大机、救时定世之急着也。盖上"不欲"则源清,本源一清,斯流无不清;在在皆清,则在在不复妄取。敲骨吸髓之风既息,疲敝凋瘵之民获苏,各安其居,谁复思乱?《左传》曰:"国家之败,由官邪也;官之失德,宠赂章也。"而近代辛复元亦云:"仕途贿赂公行,所以民间盗贼蜂起,从古如斯。"三复二说,曷胜太息。岳武穆有言:"文官不爱钱,武官不怕死,天下自然太平矣。"确哉言乎! 图治者尚其鉴于斯。(《四书反身录·论语下》)

而"图治者"往往是不暇或不愿"鉴于斯"的。

于是天下无贼,依然只能是我们遥不可及的梦想。

# 君子之德风

季康子问政于孔子,曰:"如杀无道以就有道,何如?"孔子对曰:"子为政,焉用杀?子欲善,而民善矣。君子之德风,小人之德草。草上之风,必偃。"

(《颜渊十二》)

译文:

　　季康子向孔子请教执政的方法,说:"如果把不守规矩的人都杀了来保护那些守规矩的人,怎么样?"孔子说:"你执政,哪里用得着杀人?你要一心向善,老百姓就自然会一心向善。在上位的人的德行像风,在下位的人的德行像草。草被风吹,必定随风倾倒。"

季康子问孔子如何执政，孔子让他首先端正自己，以身作则。季康子再问如何处理国中不绝的盗贼，孔子答你要是不贪，即使有奖励他们也不会去偷。季康子不甘心，终于直截了当地表示想把背离道德的人统统杀了。孔子告诫：滥杀是自身不肯起表率作用的执政者最下等的表现。领导人的德行如风，老百姓的德行如草，风往哪边吹，草就往哪边倒。孔子三答，其实都是对季康子的指责，这句名言屡为后儒引述，如《孟子·滕文公上》：

上有好者，下必有甚焉者矣。君子之德，风也；小人之德，草也。草尚之风，必偃。

《说苑·君道》：

夫上之化下，犹风靡草。东风则草靡而西，西风则草靡而东。在风所由而草为之靡。是故人君之动，不可不慎也。

学者常把季康子与孔子的三问三答连在一起讨论，吴宏一说：

以上三章都是记述孔子回答季康子问政之事。孔子以为政治应该重视礼教，礼教先于法治，而执政者必须以身作则，人民才会闻风景从。此章以风比君子，草比小人，譬喻非常生动。（《论语新绎》）

杨仁山更称：

"子为政"一语，如惊天之雷，指示季康子以绝大作用。

以上三章，孔子见得季康子是个人，方施此等键椎。可惜当机不知痛痒。然较今之从政者，则远胜矣。今时执政前，无人敢发此语。倘答一次，决无再问三问也。(《论语发隐》)

这位少年时代就颇得曾国藩赏识的近代佛学大德真是个明白人！

# 儒法之别

> 子曰："道之以政,齐之以刑,民免而无耻;道之以德,齐之以礼,有耻且格。"

(《为政第二》)

译文:

　　孔子说:"用政令来主导,用刑罚来整治,民众会让自己免受刑罚,但不会有羞耻心;用道德来主导,用礼仪来整治,民众就会有羞耻心,而且心悦诚服。"

《礼记·缁衣》篇记："夫民教之以德,齐之以礼,则民有格心;教之以政,齐之以刑,则民有遁心。""格心"是归服之心,"遁心"是逃避之心。其言正可与《论语》相发明。德、礼、政、刑都是治国治民必须的工具,而以德与礼为主,还是以政与刑为主,乃成为儒家与法家的本质区别。清初既有"天下第一清官"之称、又是著名理学家的陆陇其说:

这一章分别政刑德礼治效与人看,盖为当时专尚政刑者发,欲其知所重也。人君为治,未有不欲民之善、恶民之不善者,故无不有以"道"之,亦无不有以"齐"之,但操术不同,功效各异。路头一差,而风俗由之而殊,气运由之而变,不可不辨也。

有一种重在政刑的,方其初头,率先道民者,专在法制禁令上着力,悬于象魏,布于始和,极其精明,极其严密,这个政未尝不好。及民未能尽善,又有刑以一之,小则鞭扑,大则刀锯,当轻而轻,当重而重,这个刑亦未尝不好,但民迫于政刑,自然勉强为善,而不敢为恶,只是求免于法已耳,未尝知孝弟忠信之可乐也,未尝知贪淫诈伪之可耻也。即使政常如是,刑常如是,风俗亦日薄,气运亦日衰,况政刑必有时而弛,则免者未必其终免也。

有一种重在德礼的,方其初头,率先道民者,务在躬行心得上着力,敬以直内,义以方外,言则有物,行则有恒,这个德已足兴起人心了。及民未能尽善，则又有礼以一之，吉、凶、军、宾、嘉，各有其制；宫室、饮食、衣服，各有其度，烦简得宜，文质得中，这个礼又足范围人心。彼民化于德礼，莫不知善之当为，而不善之不可为，非特皇然知耻已也，而且有规矩准绳之可据，有荡平正直之可由。即使继之者，未必皆有德，未必皆有礼，而风俗之已厚者，犹不可骤变；气运之已隆者，犹不可骤衰，况常以德礼抚之，耻且格者，岂有艾耶。

这两种效验，如霄壤之不侔，而天下之论治者，犹以政刑为重，德礼为轻；政刑为急，德礼为迂，岂不可怪也哉？虽务德礼者未尝废政刑，然德礼，本也；政刑，末也。所谓有《关雎》《麟趾》之精意，然后可以行《周官》之法度，是岂可徒恃也哉？

更有一说，夫子所谓政刑，尚是三代时之政刑，然且不可恃……又况春秋而后，如申不害、商鞅、韩非之所谓政刑，使夫子见之，当如何慨叹哉！自汉而后，显弃申、商之名而阴用其术者多矣。人但见其一时天下慑服，莫敢犯法，以为识治体，而不知其遗祸于后者，不可胜言。（《松阳讲义》）

"自汉而后，显弃申、商之名而阴用其术者多矣"——这个判断真是一语揭穿了中国两千年统治术的秘密，阳唱孔、孟之说，阴用申、商之术，所谓儒表法里。牟宗三说：

朱注："政，谓法制禁令也。齐，所以一之也。免而无耻，谓苟免刑罚，而无所羞愧。"此即由政刑之末反显德礼之本。

德礼是从根上转化。唤醒其德性之心,使其自已悱启愤发,自能耻于为非作恶而向善。故德治是归于每一个人自身人格之站立及完成,以此为宗极,则政刑只是助缘,乃原则上或目的上可以废除者。(《政道与治道》)

陈来说:

"道之以德,齐之以礼"是与"道之以政,齐之以刑"相对立的。齐表示规范,儒家不是不要规范,但不赞成强制性的规范。社会的规范有序,应用"礼"这种诉诸礼仪、礼节、礼俗的方式来达到。德礼与政刑相对,表示儒家反对完全以刑罚法令来统治社会。儒家所要求的是通过德的教化使道德深入人心,通过礼使规范乐于、习于被遵守。人民有道德才有羞耻心,羞耻心是行为不越出社会规范之外的内在保障,一个没有羞耻心的社会不可能真正稳定。即使在法令刑罚下服从,缺乏羞耻心的社会远不是理想的社会。……孔子虽未以德礼为本、刑政为末,但其政治思想是明确的德治主义、德教主义,这也是儒家之所以为儒家的根本点。(《孔子·孟子·荀子》)

只是严刑酷法固然为人不齿,而由既缺德又无耻的统治者来宣扬推行德治与德教,其收效也必定是南辕北辙的。

# 任人唯贤

哀公问曰："何为则民服？"孔子对曰："举直错诸枉，则民服；举枉错诸直，则民不服。"

（《为政第二》）

译文：

　　鲁哀公问道："怎么做才能让民众信服？"孔子回答说："把正派的人置于不正派的人之上，民众就信服；把不正派的人置于正派的人之上，民众就不信服。"

面对国君如何服人的提问，孔子的回答是要尽可能提拔正派的人：这样的人居于高位，行为端正，行事公正，自然令人心服；反之，就只能得到相背的结果。所谓"贤臣内则邪臣外，邪臣内则贤臣毙"（《三略》），这无疑是孔子从历史与现实中提炼出来的放诸四海而皆准的政治经验。他还告诉我们："举直错诸枉，能使枉者直"（《颜渊第十二》）——在上的如果是货真价实的正人君子，那么在下的宵小之徒即便不能云随影从，改邪归正，至少也可知所忌惮，略有收敛。

明人黄瑜《双槐岁钞》卷四《圣子神孙》记载，某日成祖朱棣问当时的太子、后来的仁宗朱高炽今天学了什么，太子答学了《论语》的"君子和而不同，小人同而不和"（《子路第十三》）。于是父子之间展开了一段对话：

父问："何以君子难进易退，小人易进难退？"

子答："小人逞才而无耻，君子守道而无欲。"

父问："小人之势长胜，何也？"

子答："此系乎上之人好恶，如明主在上，必君子胜矣。"

然而"凡拂于君者多利于民，而不利于民者多昵于君，此举错之所以难也"（孙奇逢《四书近指》），所以这一点说起来简而又简，做起来难上加难：读历史，观现实，古今曾有哪一朝、东西又有哪一国能完全达到这样的境地？究其原因，除了人性复杂,鉴识不易,也由于一如十七世纪的法国文士拉布吕耶尔所指出的:统治者,即使是还算不坏的统治者,"也需要有几个恶棍来为他效力——因为总有些事你是无法请求正派人去做的"(《风格论》)。

# 君与臣

定公问:"君使臣,臣事君,如之何?"孔子对曰:"君使臣以礼,臣事君以忠。"

(《八佾第三》)

译文:

　　鲁定公问孔子:"君主指使臣下,臣下侍奉君主,该怎么做?"孔子回答:"君子指使臣下应该合礼,臣下侍奉君主应该尽忠。"

孔子主张君君，臣臣，父父，子子。所谓"君君""臣臣"，就是君要像君，臣要像臣，各司其职，各尽本分。但这并不意味着君主是群臣的主宰，可以任意胡作非为；也不意味着群臣是君主的奴仆，必须绝对俯首听命。社会学家李安宅说：古代"臣只是君的相而已，不似后世那样绝对地奴颜婢膝。《文王世子》载：'知为人臣，然后可以为人君；知事人，然后能使人。'这可见两方是颇同情而谅解的"（《〈仪礼〉与〈礼记〉之社会学的研究》）。历史学家徐中舒说：

孔子不讲片面的事君以死，而提倡君臣相对的义。他说："君使臣以礼，臣事君以忠。"（《论语·八佾》）又说："孝慈则忠。"（《论语·为政》）孔子时代士可以三月无君，可以择主而事，君臣之义不是无所逃于天地之间的，君如对臣无礼，君如不孝、不慈，臣也就不必尽忠。管仲不为公子纠死，也是孔子所赞同的。孔子谈君权是有限制的和相对的君权，绝对的君权，孔子就没有提倡过，这也是孔子进步的一面。（《孔子的政治思想》）

对孔子这两句话最生动的说明，来自记述春秋末期齐国名相晏婴言行的《晏子春秋》中的两个故事。

某个冬日，齐景公（"君君，臣臣，父父，子子"就是孔子对他说的）冲身边的晏婴说："给我把热食端过来。"晏婴断然拒绝："我不是为你进献食物的臣子。"齐景公又说："给我把皮衣递过来。"晏婴还是拒绝:"我不是为你供奉衣服的臣子。"极度不悦的齐景公质问:"那你是干什么的臣子?"晏婴当仁不让,回答自己乃是社稷之臣:"夫社稷之臣,能立社稷,别上下之义,使当其理;制百官之序,使得其宜;作为辞令,可分布于四方。"从此齐景公再也不敢以对待使唤丫头的态度来对待晏婴——这就是"君使臣以礼"。

某年冬季,晏婴出使鲁国,齐景公忽起意筑高台,众服役者怨声载道,都盼贤相早日归来。晏婴回国之后,见面就跟齐景公学唱新流行的哀歌:"冰水浸透了我身,我还怎么活?国君不让我生存,我还怎么活?"唱罢"喟然叹而流涕"。齐景公当即允诺终止工程。晏婴出了宫门,直奔工地,且向服役者挥棒恶语,原本盼他解救的百姓无不恨其助纣为虐。而晏婴刚离开,齐景公停工的旨令就到了。孔子感慨"古之善为人臣者,声名归之君,祸灾归之身,入则切磋其君之不善,出则高誉其君之德义",所以侍奉的虽然是德才并不过人的君主,也能使之称雄诸侯,自己却"不敢伐其功"——这就是"臣事君以忠"。

# 一言兴邦与一言丧邦

定公问："一言而可以兴邦，有诸?"孔子对曰："言不可以若是其几也。人之言曰:'为君难，为臣不易。'如知为君之难也，不几乎一言而兴邦乎?"曰："一言而丧邦，有诸?"孔子对曰："言不可以若是其几也。人之言曰:'予无乐乎为君，唯其言而莫予违也。'如其善而莫之违也，不亦善乎? 如不善而莫之违也，不几乎一言而丧邦乎?"

(《子路十三》)

译文:

　　鲁定公问:"一句话就能使国家兴盛,有这样的话吗?"孔子回答:"话不可以说得这么绝对。有人说过:'做君难,做臣子不易。'如果真知道为君之难,那岂不一句话就能使国家兴盛?"鲁定公又问:"一句话就能使国家覆亡,有这样的话吗?"孔子回答:"话也不可以说得这么绝对。有人说过:'我做了国君不觉得有别的快乐,唯有我的话没有人敢违抗。'如果他说得对而没有人违抗,不也很好吗? 但如果说得不对却没有人敢违抗,那岂不一句话就能使国家覆亡?"

君者君临万民，圣旨非常人所敢违抗，所以真有把这当作至乐的。《韩非子·难一》载："晋平公与群臣饮，饮酣，乃喟然叹曰：'莫乐为人君！惟其言而莫之违。'"——最快乐的就是做人君，说什么都没有人敢违抗。而侍坐在旁的乐师师旷拿起琴就撞他。晋平公忙躲避，问太师撞谁。师旷说："刚刚有个小人在边上胡说八道，所以撞他。"晋平公答："那是我说的。"师旷明确告诫"是非君人者之言也"——这不是为君者应该说的话！唐文治说：

言专制则行专制，行专制则骄横生，谗谄日进，忠良日退，邦焉得而不丧？（《论语大义》）

钱穆说孔子的话"专指在上者之居心言……言虽近而指则远，亦古今通义"（《论语新解》）。而胡适尤激赏"《论语》中这一段对话，不但文字美妙，而且说话的人态度非常坚定，而说话又非常客气，非常婉转"，所以他选定"这一段作为《论语》中第一等的文字"。（《容忍与自由》）

# 以人为本

厩焚，子退朝，曰："伤人乎？"不问马。

（《乡党第十》）

译文：

马棚起火，孔子上朝回来，问："伤着人了吗？"不问马。

裘锡圭说：

在春秋时代，一般不骑马，马是用来拉乘车的，通常只有大夫以上的人才有资格置备马车，马车是贵族财富的标志，所以有百乘之家、千乘之国这一类说法。一乘就是四匹马拉的一辆车。孔子是一个穷大夫，马匹死伤对他来说无疑是经济上的重大损失。但是孔子首先关心的不是他的财产而是人的安危，这里所说的"人"显然首先是指马厩里工作的人，是为孔子服务的劳动者。(《在基本道德和行为准则方面切实继承和发扬传统文化中好的东西》)

然而历来都有期望值更高的崇拜者觉得只到这般境界的孔子不够伟大。古人如韩愈不相信孔子爱不及马："圣人岂仁于人，不仁于马？"(《论语笔解》)今人如周予同不希望孔子爱不及马，所以直接译述本句为"孔子退朝，问：'伤了人没有？'回答他没有，于是他又问马"，并声明改变句读的目的就是为了"表示孔子先仁人而后爱物"。(《孔子》)还有其他学者或将"不"字视作对"伤人乎"的回答，或将"伤人乎不"连成一个问句，殊途同归，目的都是便于安排孔子接下来再"问马"，从而编导出一个既够得上人道主义典范又够得上动物保护主义典范的光辉形象。但金代学者王若虚反问得好："义理之是非姑置勿论，且道世之为文者，有如此语法乎？"(《滹南遗老集》卷五《论语辨惑》)改者改得煞费苦心，一本正经，读者读来却不免有一点——甚至非常滑稽了。

以特立独行著称的学者辜鸿铭留英留德既久，所以看见过的洋人自多；而他又才智卓异，所以看不起的洋人也多。他最痛恨洋人在中国的飞扬跋扈与国人对洋人的奴颜婢膝。英国作家毛姆回忆一九二〇年来中国时想会晤名扬欧洲、时任北京大学教授的辜鸿铭，一个在华多年的英商一口应承他来安排。几天过去未见动静，当毛姆问起时，商人耸了耸肩："我送去一张便条让他过来。……我不知道他为什么没有来，真是个固执的老家伙。"世事洞明、人情练达的小说大师毕竟不像肚子大、脑子小的商人那样颠顶懵懂，赶紧用他"想得出的最有礼貌的措辞"写信请求登门拜谒，这才得到了辜鸿铭同意的回复：

"我很荣幸你想来看我。"他回答我的问候说，"贵国人只是跟苦力和买办打交道，他们以为每个中国人必然地不是苦力就是买办。"

我冒昧地表示异议。但我没有抓住他说话的要点。他将背靠在椅子上，带着一种嘲讽的表情看我：

"他们以为我们可以召之即来。"(《在中国屏风上·哲学家》)

辜鸿铭无疑是精通《论语》的——他曾英译《论语》全书。在抨击当时自上而下的媚洋恐洋风习时，他愤然写道：

"厩焚,子退朝,曰:'伤人乎?'不问马。"今日地方一有事故,内外衮衮诸公,莫不函电交驰,亟问曰:"伤羊乎?"不问人。(《张文襄幕府纪闻》)

既仿拟《论语》之文,用衮衮诸公重"羊"轻民,来比较孔子的重人轻马,以寓讥刺;又用谐音的"羊"字指代洋人,来与"人"对举,以寓蔑视——实在是善学《论语》以铸新词的高手。

# 敬而远之

樊迟问知。子曰:"务民之义,敬鬼神而远
之,可谓知矣。"

(《雍也第六》)

译文:

樊迟问怎么才算智。孔子说:"把力气用在百姓的日常事务上,对鬼神敬而远
之,就称得上智了。"

孔子对鬼神的存在恐怕是怀疑的,但殷周以来迷信鬼神的观念既弥漫于当时,所以孔子采取敬而远之、存而不论的态度——"子不语怪力乱神。"(《述而第七》)严复认定"孔教之高处,在于不设鬼神,不谈格致,专明人事,平实易行"(《保教馀义》)。余英时阐释:

> "敬鬼神"是以严肃的态度对待鬼神,仍与祭祀同,但"远之"则是告诫弟子不要为了祈福之故而过分求与鬼神接近。尤其值得注意的是,"敬鬼神而远之"一语是特别用来和上半句"务民之义"作对比的,孔子重人远过于鬼神的倾向在此显露无遗。(《论天人之际》代序《中国轴心突破及其历史进程》)

鲁迅更揭示:

> 孔丘先生确是伟大,生在巫鬼势力如此旺盛的时代,偏不肯随俗谈鬼神;但可惜太聪明了,"祭如在,祭神如神在",只用他修《春秋》的照例手段以两个"如"字略寓"俏皮刻薄"之意,使人一时莫明其妙,看不出他肚皮里的反对来。(《再论雷峰塔的倒掉》)

印顺法师在《成佛之道》中称鬼神观念为东西方所共有,形态各异,名目繁多:

> 这些鬼神,确有一些功德,有一些神力,在某种情形下,确能给人以多少助力,所以常为人所崇拜:恳求赐福,求他驱逐

邪恶,或者请求不要伤害。然鬼神都充满烦恼,他们的德性,有时还不及人类,特别是瞋恚成性,嗜好凶杀伤害。他们所要人类供给的,是牺牲——血肉,甚至要求以人为牺牲。如人而不恭敬供养,或者冒犯了他,就会用残酷的杀害来报复——狂风、大雨、冰雹、瘟疫等。这等于人间的黑社会、恶势力:在你不幸时,也许会拔刀相助,慷慨解囊;可是你不能得罪他,或者使你就此落入罪恶渊薮……俗语说"引狼入室""引鬼入门",鬼神崇拜者每每为了得罪鬼神,弄得家败人亡,这真是何苦呢!孔子到底是人类的伟人,他的"敬鬼神而远之",不失为聪明的办法。

对鬼神的态度,在两千多年后还能使一代宗教名家、佛学泰斗如此心悦诚服——就凭这一点,孔子也无愧"到底是人类的伟人"了。

# 从生去看死

季路问事鬼神。子曰："未能事人,焉能事鬼?""敢问死?"曰:"未知生,焉知死?"

(《先进第十一》)

译文:

　　子路问如何事奉鬼神。孔子说:"还不会事奉人,哪能事奉鬼?"子路问:"斗胆问问死的问题?"孔子说:"还不懂怎么对待生,哪能懂怎么对待死?"

钱锺书早年就觉察到孔子"未知生，焉知死"的答语"透出斯宾诺莎谈论自由人时的机锋"(《还乡》)。的确，对生死的认识，十七世纪的大哲斯宾诺莎堪称孔子最一点犀通的知音："自由的人绝少想到死，他的智慧不是死的默念，而是生的沉思。"(《伦理学》)余英时则反驳某些西方学者指责孔子的态度是"逃避问题"：

　　其实孔子并不是逃避，而正是诚实地面对死亡的问题。死后是什么情况，本是不可知的，这种情形一直到今天仍然毫无改变，但有生必有死，死是生的完成。孔子是要人掌握"生"的意义，以减除对于"死"的恐怖。(《从价值系统看中国文化的现代意义》)

　　刘东概括儒家独特的生死观是：一方面强调"生无所息"，另一方面又主张"视死如归"；或者一方面强调"存吾顺事"，另一方面又主张"殁吾宁也"，是一种"勇敢的高妙境界"。除了古人的事例，他还举了近人的事例：

　　还可再来沉痛地体会一下，身为"近世儒学三宗"的马一浮，是如何在那个"文革"恶风乍起、神州一片涂炭的危急时刻，尽管也是自知已是不久于人世，却又能写出这样的诗句来自挽："乘化吾安适？虚空任所之。形神随聚散，视听总希夷。沤灭全归海，花开正满枝。临崖挥手罢，落日下崦嵫。"(《拟告别诸亲友》)由此，他便以直面虚空与神灭的勇气，把对于生死的悲喜与焦虑,化作了一片旷达、安然与适意,从而既保有了从容与蕴藉,又保有了对于未知世界的好奇,这不啻把"未知生,焉知死"的儒学精神,化作了一种个人的尊严与抗争。而从这个意义上,他又无疑是在以最后的生命力,来为儒家所主张的"视死如归"增益了新的内容。(《天边有一块乌云·从生去看死》)

他由此总结:"这样一来,我们就能更加真切地领会到,在孔子那句'未知生,焉知死'的名言中,到底表达了何等丰富的智慧含量,和具有怎样广阔的发挥空间。"

# 孝的真义

孟懿子问孝。子曰:"无违。"樊迟御,子告之曰:"孟孙问孝于我,我对曰'无违'。"樊迟曰:"何谓也?"子曰:"生,事之以礼;死,葬之以礼,祭之以礼。"

(《为政第二》)

译文:

孟懿子问怎么做才是孝。孔子说:"不要违背礼。"樊迟给孔子驾车,孔子告诉他说:"孟孙问我怎么做才是孝,我告诉他'不要违背礼'。"樊迟说:"说的是什么意思?"孔子说:"父母健在,依礼侍奉他们;父母死了,依礼安葬他们,依礼祭奠他们。"

鲁国大夫孟懿子向孔子请教孝道，孔子只回答了他两个字："无违。"其后在向门徒樊迟转述时才阐释"无违"指的就是对待父母——无论他们生前死后——不要违背礼节。读来给人的印象是孔子对亲弟子自是循循善诱，对孟懿子似乎懒得搭理，以致招来了东汉思想家王充的不满。他在《论衡·问孔》中指出：孔子不明言"无违"的是什么，容易产生误会，因为可能被理解为不违背父母的心意。这样简要的答复连樊迟都不明白，所以才进一步追问。孟懿子的才能不及樊迟，"樊迟不晓，懿子必能晓哉？"他的担心确实不是吹毛求疵，因为后世注家就产生了这样的分歧。如梁代皇侃在《论语义疏》中称："言行孝者每事须从，无所违逆也。"而宋代邢昺在《论语注疏》中则称："言行孝之道，无得违礼也。"学者大多赞同后一种意见。李亦园说：

　　要建立孝的现代化意义，首先要分辨什么是孝的真义，什么是孝的形式；换言之，我们应先认清什么是孝的真义——孝道,而不可将孝道与孝的形式——孝行混为一谈。什么是孝的真义呢？其实孔夫子所说孝的真义是很简单清楚的,并不像后代所加添的那样繁复。《论语·为政篇》孔子答孟懿子问孝说：孝是"无违"。无违的意思并不是无违父母的意见,而是无违于礼,所谓父母"生事之以礼,死葬之以礼,祭之以礼"的礼。又答孟武伯说孝是使父母无忧,答子由则说孝是奉养之外加以敬重。《里仁篇》又说"事父母几谏",几是微的意思,谏是劝谏,换言之,对父母可以做些微劝谏行动。

由此可见,孔夫子心目中的孝是事父母以礼,使无忧虑,奉养尊敬而已。孔夫子并未说对父母要屈从,他更未提到"天下无不是的父母"的话。孔夫子孝的境界很着重于双方相互的关系,而不是单方的顺从,也就是父慈子孝的关系。他没有说父母一定是对的,甚至父母有错,做子女的也可用缓和的方式来劝解(也就是前面所说的几谏之意)。对于为子女者,孔夫子鼓励做到恭、慎、勇、直的行为，但是恭、慎、勇、直的行为都要止于礼的界限，也就是前文所说的事父母以礼的礼，特别是恭慎假如超出礼的范围，就会变成虚伪与畏惧。对父母虚伪或过分畏惧而屈从，就不是孔夫子所说孝的真义了。（《文化与修养》第十五章《孝的现代意义》）

所以这位人类学家最终判断：孔子所认为的孝的真谛"实是很能适合于现代社会的伦理规范，因为这是一种着重人伦双方相互关系的规范，一种分辨是非的行为准则"。

# 不让父母担忧

孟武伯问孝。子曰："父母唯其疾之忧。"

（《为政第二》）

译文：
孟武伯问怎样做才算孝。孔子说："让做父母的只为儿女的疾病而担忧。"

从汉代开始对孔子的答话就存在不同理解,主要有两种:一种以为这是指子女常挂怀与担忧父母的健康,一种以为这是指子女要做到只让父母为自己的疾病担忧。宇野哲人解说:

本章谈论了针对孟武伯有关孝道的提问,孔子以父母忧子之心相告,意即为人子女应该尽力做到不让父母担忧。孟武伯是孟懿子的儿子,名彘。"武"乃其谥号。

为人子女,体会到父母的这种心情,一举一动,谨慎行事,毋使父母担忧,倘若能做到这些,就可谓是孝了。

大概是因为孟武伯是贵族子弟,很容易有为所欲为的倾向,所以孔子才用父母担忧孩子患病之事来告诫他。(《论语读本》)

胡楚生解说:

父母爱护子女之心,无微不至,时时担忧子女这事不适,那事不顺。子女如果能够深切体会父母对子女既爱且忧的心理,能够谨身修己,德业进步,慎于行事,远离邪佞,凡此种种,都能使父母放心而不担忧;所担忧者,只有疾病之来,难以预测,唯独此事,不免使父母忧心,其他则无可忧心者。能够如此,才是子女应有的行为。(《论语新编解义》)

《论语》中孔子及其弟子多次论及孝。因为在家是孝子,在外是忠臣,孝道于是不仅成为伦理规范,还成为统治者力倡的政治守则,甚至编出了种种变态的故事荼毒百姓,借倡愚孝来倡愚忠,后人反专制、反愚孝,连带否定孝道,乃至怨及孔子。柳存仁说:

孝道自然也是培养人格的形成的另外一个要素。西方人士看中国人的伦理观念的特点,像我书架上的《韦伯斯托大字典》(Mebster's Dictionary)解释 filial Piety 这个词就说"对父母的尊敬是中国伦理最主要的德行,也是所有正当的人与人之间关系的基础"。……用孔子以后许多朝代的历史发展和社会变迁去归咎两千四百多年前的古人,是不公平的。在《论语》一书里提到"孝"的地方有十四处,但是我们还找不到一处证据认为子女和父母之间的爱,只是儿女单方面的负担。《论语》记孟武伯问孝:"子曰:'父母唯其疾之忧。'"这句话的解释,照东汉的马融说,是"言孝子不妄为非,唯疾病然后使父母忧"。曾经做过父母,或现在还是做父母的人,谁都有过看护生病的子女的经验的罢?你看孔子这句话说得多么自然,它是和后世打着他的招牌提倡装模作样的伪孝的说法,是有多大地不同啊!传统的劝孝故事有一段郭巨埋儿,说东汉时郭巨夫妇因为生活艰困,老母时常要减食给他们三岁大的儿子吃,就夫妇计议,郭巨要把孩子活埋,说:"子可再有,孝不可再得。"这是又残忍又愚蠢的想法。他的妻子听了不敢违反他，两人掘坑掘了两尺多深，忽然掘出了一釜黄金，这真是 deus exmachina，上天的奖励孝道，无微不至，也教人忘记了吃人的礼教所造的庞大灾害了。也就是后代的这种伪儒家的主张慢慢地浸染了正统的信仰和社会风俗习惯，使中国过去的社会有许多地方是那么的令人不可耐和不近人情。

我们现代的许多人，不管是谁，也不管什么种族，什么宗教信仰，都相信我们今天对自己父母的感情和尊敬是不会和古代的人对他们的父母有多么大的不同的，虽然今古之间的社会条件却发生过不止一次的革命性的变动。我不是社会学家，恐怕不能够估计从现在起再过几十年以后，假如各国的人口生长率继续地减低了，而老人的长寿还继续地增长时，社会的情况将会怎样。我们姑且不要乞灵于孔子的灵魂，他已经死了两千四百多年了；且让我们仍然希望不论在什么情形之下，"孝子"这样的人不要只有等他在殡仪馆里穿着孝袍麻衣的时候才可以见到罢！(《孔子的遗教》)

希望其言不是杞人忧天。

# 尽孝之难

子夏问孝。子曰:"色难。有事,弟子服其劳,有酒食,先生馔,曾是以为孝乎?"

(《为政第二》)

译文:

　　子夏问怎么做才算孝。孔子说:"难的是始终保持和颜悦色。有事子女来出力,有酒有饭让长辈先吃,这样就算尽孝了吗?"

"色"是脸色。朱熹解释："孝子之有深爱者,必有和气;有和气者,必有愉色;有愉色者,必有婉容。故事亲之际,惟色为难耳。"(《四书章句集注》)但他接着补充:"旧说,承顺父母之色为难,亦通。"这引来了陈天祥的驳议:"承顺之义虽能顺从父母颜色而不违其所欲,然己之颜色端肃庄严,亦非事亲之道也。愉色婉容能兼承顺之意,承顺之意不能兼愉色婉容。'旧说亦通',许之过也。"(《四书辨疑》)

这一节论孝道,所以这里的"先生"和"弟子"应该指的是长辈与子女。但后来也常被引用来说学生对老师的态度,甚至逐渐演变成了学生礼敬老师的信条。十九世纪七十年代生于苏州的小说家包天笑在自传中述及少时延师课读:

江南当时的风气,出外处馆,也是一种清高的职务,待遇不靠这一点馆薪,而膳供似更重要。吴中向称文物礼教之邦,对于敬师之礼,非常尊重。家堂里还有一块"天地君亲师"的牌位,以为人生所最当敬重的五个字,师也占了一位。这正是《论语》上所说的"有酒食,先生馔",所以人家对于先生的膳食问题,是相当注意而不敢轻忽的。

有些大户人家,家里请了许多账房先生(大概是管理田地房屋事宜),称之为东席;而所请的教书先生则称之为西席。而东席不能与西席分庭抗礼,西席先生吃饭,往往另开一桌,比较优厚。学生年纪大的,就陪了先生吃饭;若是小学生,往往先生独自一人吃饭。更有人家于吃饭后,命厨子来请问"师爷明天喜欢吃些什么菜"的。(我曾经受过此种待遇,但要我点菜,那是大窘事,只好谢绝他道:"随便什么都好。"真是《孟子》上所说的"待先生如此其恭且敬也"。)(《钏影楼回忆录》)

让我们看到了距今并不算远的那个时代的生动剪影。

# 成人之美

> 子曰："君子成人之美，不成人之恶。小人反是。"

（《颜渊第十二》）

译文：
　　孔子说："君子促成他人的美事，不促成他人的坏事。小人则正相反。"

君子"己欲立而立人,己欲达而达人"(《雍也第六》),所以总愿成人之美;"己所不欲,勿施于人"(《颜渊第十二》,又《卫灵公第十五》),所以必不成人之恶。而人格残缺、心地阴暗的小人相反,常期盼甚至促成他人倒霉,借以或获得变态的快感,或达到邪恶的目的。清初理学家张履祥少年丧父,由祖父养育成人,后来他写下家训名著《训子语》,特别忆及"先世存心极厚":

予逮事王考,见王考所存,无非成人美不成人恶之心。每闻亲党中作一善事(如孝弟忠信,及睦邻解厄之类),辄叹曰:"美事,宜助成之。"闻一不善事,咨嗟不已,蹙然曰:"劝其不做便好。"亦非独王考为然,当时长老与往还者,多有之。予是以幼孤得不陷于非僻,今不可得见矣。予兄弟已远不如前人,然犹不免见嗤乡里,目为迂腐。人心风俗,日甚不同,安得不戒慎以守之乎?

祖父用心果能终身不忘,先世家法苟能遵守弗失,传之久远遂成家风,子孙便易得好,好则又能及其后人矣。古称"爱及苗裔",固由天道,亦人事克修也。全要培得根本不薄,立得基业牢固。有基弗坏,斯有肯堂肯构之望;根本深固,则有枝叶扶苏之理。事在敬勉而已。

给张履祥留下深刻印象的不仅是祖父（"王考"是对已故祖父的敬称）的言行,还有家中挂的对联:

行己率由古道;
存心常畏天知。

# 中　庸

子曰:"中庸之为德也,其至矣乎! 民鲜久矣!"

(《雍也第六》)

译文:

孔子说:"中庸作为一种美德,是最重要的吧! 人们缺少这种美德已经太久啦!"

中是不偏,庸是不变,郑玄的解释是"用中为常道"(《礼记注》)。范文澜说:

孔子学说全部贯注着"中立而不倚"的中庸思想。他赞叹中庸是至高极难的一种美德……中庸应用在人伦上,是父慈,子孝;兄良,弟悌;夫义,妇听;长惠,幼顺;君仁,臣忠。中庸应用在政治上,是"民以君为心,君以民为体"(《礼记·缁衣篇》)。中庸应用在行为上,是"过犹不及"(《论语·先进篇》),"无可无不可"(《论语·微子篇》)。中庸应用在教育上,是"求(冉求)也退(性好谦退),故进之;由(子路)也兼人(性好胜人),故退之"(《论语·先进篇》)。一切都得合于中庸之道。(《中国通史》)

鲁迅称孔子之所以大呼中庸,"这正因为大家并不中庸的缘故。人必有所缺,这才想起他所需。穷教员养不活老婆了,于是觉到女子自食其力说之合理,并且附带地向男女平权论点头;富翁胖到要发哮喘病了,才去打高而富球,从此主张运动的紧要"（《由中国女人的脚推定中国人之非中庸又由此推定孔夫子有胃病》）——看得很准，说得很对。这不，曾竭诚讴歌"青年如初春，如朝日，如百卉之萌动，如利刃之新发于硎""青年之于社会，犹新鲜活泼细胞之在人身"（《敬告青年》）的北京大学教授陈独秀，终于明白数不在少的青年根本就是"中人以下，不可以语上也"（《雍也第六》）的阿斗：

"教学者如扶醉人，扶得东来西又倒。"现代青年的误解，也和醉人一般。你说要鼓吹主义，他就迷信了主义的名词万能。你说要注重问题，他就想出许多不成问题的问题来讨论。你说要改造思想，他就说今后当注重哲学不要科学了。你说不可埋头读书把社会公共问题漠视了，他就终日奔走运动把学问抛在九霄云外。你说婚姻要自由，他就专门把写情书寻异性朋友做日常重要的功课。你说要打破偶像，他就连学行值得崇拜的良师益友也蔑视了。你说学生要有自动的精神、自治的能力，他就不守规律、不受训练了。你说现在的政治法律不良，他就妄想废弃一切法律政治。你说要脱离家庭压制，他就抛弃年老无依的母亲。你说要提倡社会主义、共产主义，他就悍然以为大家朋友应该养活他。你说青年要有自尊的精神，他就目空一切、妄自尊大、不受善言了。你说反对资本主义的剩馀劳动，他就不尊重职务观念、连非资本主义的剩馀劳动也要诅咒了。你说要尊重女子的人格，他就将女子当做神圣来崇拜。你说人是政治的动物不能不理政治，他就拿学生团体的名义干预一切行政司法事务。(《青年的误会》)

这也从反面印证了不左倾右斜、不东倒西歪、"将两端来量度取一个恰好处"(《朱子语类》)的中庸之道，确乎是一种既切近人生又不易企及的境界。

# 对事不轻慢，对人不骄横

仲弓问仁。子曰:"出门如见大宾,使民如承大祭。己所不欲,勿施于人。在邦无怨,在家无怨。"

(《颜渊第十二》)

译文:

仲弓问怎么才算仁。孔子说:"出门办事像是去见贵宾,使唤民众像在承办重大祭典。自己不想要的,不强加给别人。在诸侯之邦做事不招人怨恨,在卿大夫家做事也不招人怨恨。"

《左传》僖公三十三年记晋臼季曾说："臣闻之，出门如宾，承事如祭，仁之则也。"孔子略加改换，用来教导学生。对事不轻慢，对人不骄横，这才是能使自己立于不败之地的处世的根本法则。清代名儒唐慎说：

> 盖此心之仁，非敬无以存之，非恕无以推之。存之以敬，则于事不敢慢；推之以恕，则于人不敢横。夫人惟慢与横之念不绝于方寸，于是徇己凌物，悖理逆情，日寻于肆虐凉薄而不自知，而恻隐之端泯矣。（《敬恕轩记》）

而只有对事不敢轻慢、对人不敢骄横的人多于对事轻慢、对人骄横的人，人世间才会更像人世间。

# 恕

子贡问曰:"有一言而可以终身行之者乎?"
子曰:"其恕乎! 己所不欲,勿施于人。"

（《卫灵公第十五》）

译文:

　　子贡问:"有没有一个字是可以拿来终身奉行的呢?"孔子说:"那就是恕吧! 自己不想要的,不要强加给别人。"

"仁"在人与人关系中的体现即"己欲立而立人,己欲达而达人"(《雍也第六》),"恕"在人与人关系中的体现即"己所不欲,勿施于人"。你不愿别人损害你的利益,你就不要损害别人的利益,这是人的教养,也就是人的文化。周作人说:

> 我读英国捺布菲修所著《自然之世界》与汉译汤姆生的《动物生活史》,觉得生物的情状约略可以知道,是即所谓禽也。人是一种生物,故其根本的生活实在与禽是一样的;所不同者,他于生活上略加了一点调节,这恐怕未必有百分之一的变动,对于禽却显出明了的不同来了,于是他便自称为人,说他有动物所无的文化。据我想,人之异于禽者就只为有理智吧,因为他知道己之外有人,己亦在人中,于是有两种对外的态度:消极的是恕,积极的是仁。假如人类有什么动物所无的文化,我想这个该是的。至于汽车飞机枪炮之流无论怎么精巧便利,实在还只是爪牙筋肉之用的延长发达,拿去夸示于动物,但能表出量的进展而非是质的差异。(《〈逸语〉与〈论语〉》)

既然是异于动物的文化表征,那也就是人类共有的特征。在东西方文明中,"己所不欲,勿施于人"堪称普世准则,并非中国特产。如印度古代史诗《摩诃婆罗多》:

> 你自己不想经受的事,不要对别人做;你自己想往渴求的

事,也该希望别人得到——这就是全部的律法,留心遵行吧。

《圣经·马太福音》:

在一切事上,你们要别人怎样对待你们,你们就得怎样对待别人——这就是摩西律法和先知教训的真义。

《纳瓦维四十圣训集》:

最高贵的宗教是这样的:你自己喜欢什么,就该喜欢别人得什么;你自己觉得什么是痛苦,就该想到对别的所有人来说它也是痛苦。

都足与孔说相参证。而蔡元培则对孔子的话作了进一步的引申:

西方哲学家之言曰:"人各自由,而以他人之自由为界。"其义正同。例如我有思想及言论之自由,不欲受人之干涉也,则我亦勿干涉人之思想及言论;我有保卫身体之自由,不欲受人之毁伤也,则我亦勿毁伤人之身体;我有书信秘密之自由,不欲受人之窥探也,则我亦慎勿窥人之秘密。推而我不欲受人之欺诈也,则我慎勿欺诈人;我不欲受人之侮慢也,则我亦慎勿侮慢人。事无大小,一以贯之。(《己所不欲勿施于人》)

也就是说,"己所不欲,勿施于人"的实质在于权利平等。所言甚善,但终不脱书生之见。林语堂就直言:这是不容易做到的——因为"百姓自由,官便不自由;官自由,百姓便不自由。百姓言论可以自由,官僚便不能自由封闭报馆;百姓生命可以自由,官僚便不能自由逮捕扣留人民"(《谈言论自由》)了。

# 仁

夫仁者,己欲立而立人,己欲达而达人。

（《雍也第六》）

译文:

　　所谓仁,就是自己想立身也帮别人立身,自己想通达也帮别人通达。

日本禅学权威铃木大拙说：

中文的"仁"，很难找到英文中的对应词。宽泛地说，它是同情心（sympathy），或者友爱（lovingkindness），情谊感（friendly feeling），或者更确切地说，是一种同志之感（feeling of fellowship）。

"仁"这个汉字，由"人"和"二"这两个偏旁构成，意味着每个人内心都有与生俱来的仁，当他与另一个人交往，两人关系形成永久纽带时，仁便被唤醒以至于完全绽放。

······

仁是一种金科玉律般的推理，比如"己所不欲，勿施于人"（《论语·颜渊》）。因为它就是人之为人的人道本身，孔子曰："夫仁者，己欲立而立人，己欲达而达人。"（《论语·雍也》）仁也是人心的一种基本利他主义本能，使人冲破狭隘的自私自利，通过对自我的否定，达到该利他本能的满足。儒家不认为人性生来鄙俗——即绝对的利己主义——并反复申言在每个人内心深处都有一股利他冲动，该利他冲动不是修改过的利己主义，而确确实实是人性中所固有。（《中国哲学小讲》第二章《伦理学》）

因此他判定"正如叔本华将同情心作为伦理学的基础，儒家则将仁作为人类社会这座大厦所由建立的基石"（同上）。

中国政治学宗师萧公权说：

孔子不曾正式分析人性的内容，但从他的言谈当中，我们可以推知，他发现了人性包含着三个部分：一是与禽兽同具的生物性，二是人类特有的道德性，三是与一部分禽兽共具的社会性。因此发展和满足人性必须发展或满足人类生物的、道德的和社会的要求。政治家的工作就是要给予每一个人满足这些要求的机会，并且协助或领导他去得到满足。政治社会的作用就在供给满足人性要求的秩序与制度。

照孔子看来一个政治家所以要负担上述的工作，完全是因为如果他不这样做，便不能够完成他自己天性的发展——道德性和社会性的满足。孔子认定人自然地也必然地会爱他的同类，尤其是与他有血统关系的同类。这种爱家族爱人类的天性便是道德、社会和政治生活的直接原动力。一个人既然爱他的同类，他必然愿意看见他们得着他们本性的要求。如果他的能力许可，他必然进一步愿意帮助他们去得着这些要求。人类的本性是根本相同的。因此一个人只要反躬自问，自己有些什么要求，便可以知道别人有些什么要求。（《孔子政治学说的现代意义》）

不过话说回来，孔子推崇中庸，不为已甚，亦即"过犹不及"（《先进第十一》）；对他为人处世的原则，我们也应领会其基本精神，不宜过度发挥，更不宜使之绝对化——"己所不欲，勿施于人"(《卫灵公第十五》)不能反过来变成己所欲就施于人;"立人"与"达人"也不等于是拿你的好恶标准来强加给别人。王蒙指出,以为自己就是尺度,是人最容易犯的常见错误:

人的这种以自己的好恶为尺度来判断事情的特点,几乎可以上笑话大全。一个母亲从寒冷的北方出差回来,就会张罗着给自己的孩子添加衣服;一个父亲骑自行车回家骑得满头大汗,就会急着给孩子脱衣服。父母饿了就劝孩子多吃一点,父母撑得难受了就痛斥孩子太贪吃。(《不要以为自己就是尺度》)

你所喜爱的以为旁人也喜爱,你所恐惧的以为旁人也恐惧,你所厌恶的以为对旁人也十分有害,而事实往往不是完全如此甚或完全不是如此。一个骇人听闻的近例是:美国亚特兰大一对矢志不移信奉素食主义的夫妇自己不享用任何跟动物相关的食品,于是也坚持只以苹果汁与豆奶喂养他们的新生儿,六周后孩子被活活饿死,夭折时体重仅剩一点六公斤。丧心病狂的父母以蓄意谋杀、过失杀人、虐待儿童等多项重罪,双双被判终身监禁。正如天才一不小心就会沦为疯子,狂热的理想主义者一不小心也会沦为职业杀手——走到这样的极端,那就不再是笑话而完全是悲剧了。

# 杀身成仁

子曰:"志士仁人,无求生以害仁,有杀身以成仁。"

(《卫灵公第十五》)

译文:

　孔子说:"志士仁人,没有为贪生而损害仁的,只有用舍身来成全仁的。"

孔子倡导杀身成仁;孟子承其衣钵,倡导舍生取义:

> 鱼,我所欲也;熊掌,亦我所欲也。二者不可得兼,舍鱼而取熊掌者也。生,亦我所欲也;义,亦我所欲也。二者不可得兼,舍生而取义者也。生亦我所欲,所欲有甚于生者,故不为苟得也。死亦我所恶,所恶有甚于死者,故患有所不辟也。如使人之所欲莫甚于生,则凡可以得生者,何不用也?使人之所恶莫甚于死者,则凡可以辟患者,何不为也?由是则生而有不用也,由是可以辟患而有不为也。是故所欲有甚于生者,所恶有甚于死者,非独贤者有是心也,人皆有之,贤者能勿丧耳。
> (《孟子·告子上》)

正是这样的精神陶冶成就了中国历史上无数的志士仁人,最为典型的就是南宋末因拒降而从容登上断头台的民族英雄文天祥——"人生自古谁无死,留取丹心照汗青"(《过零丁洋》)的高歌早已跟孔、孟的壮语一并长存于天壤之间;而他临刑前在衣带上写下的绝命词,更明确交代了哺育自己的精神养料与鼓舞自己的精神力量:

> 孔曰成仁,孟曰取义;
>
> 惟其义尽,所以仁至。
>
> 读圣贤书,所学何事?
>
> 而今而后,庶几无愧!(《宋史·文天祥传》)

抗战期间,丰子恺以《杀身成仁》为题撰文:

贪生恶死，是一切动物的本能，人是动物之一，当然也有这种本能。但人贪生恶死，与其他动物的贪生恶死有点不同：其他动物的贪生恶死是无条件的，人的贪生恶死则为有条件的。古人云："人之所以异于禽兽者几希。"这"几希"可说就在于此。

　　何谓无条件的？只要吃得着东西就吃，只要逃得脱性命就逃，而不顾其他一切道理，叫做无条件的。人以外的动物都如此，狗争食肉骨头，猫争食鱼骨头，母鸡被掳，小鸡管自逃走，母猪被杀，小猪管自吃食，不是人所常见的么？

　　何谓有条件？照道理可以吃，方才肯吃；照道理活不得，情愿死去，这叫做有条件的。条件就是道理，故人可说是讲道理的动物。除了白痴及法西斯暴徒以外，世间一切人都是讲道理的动物。

　　丰氏引录孔子的名言并推阐说："求生害仁，就是贪小我而不顾大我；杀身成仁，就是除小我以保全大我。"而"人总有一死，失了身体还是小事；倘失了人道，则万人万世沦为禽兽，损失甚大。志士仁人，因富有同情，故能为全体着想，故能杀身成仁"。国难当前，温柔敦厚的《护生画集》作者也变得如此慷慨激昂，其中既有时事的震荡，亦可见孔子的影响。

# 以直报怨

或曰："以德报怨，何如？"子曰："何以报德？以直报怨，以德报德。"

(《宪问第十四》)

译文：

　　有人问："用恩德来回报仇怨，行吗？"孔子说："那用什么来回报恩德呢？应该用公正来回报仇怨，用恩德来回报恩德。"

孔子表彰过伯夷、叔齐的"不念旧恶"，但这并不等于提倡不设底线地泯灭是非。"唯仁者能好人，能恶人。"（《里仁第四》）如果"以德报怨"，那我们拿什么来报德呢？曾国藩就深慨"大抵乱世之所以弥乱者，第一在黑白混淆；第二在君子愈让，小人愈妄"（《复胡宫保》）。所以孔子明确要求"以直报怨，以德报德"——"直"也就是正直、公正。《史记·魏公子列传》信陵君门客曰："夫人有德于公子，公子不可忘也；公子有德于人，愿公子忘之也。"清代学者钱泳赞赏"此言最妙，然总不如'以直报怨，以德报德'二语之正大光明"（《履园丛话·恩怨分明》）。

第二次世界大战结束已经很久了，相关组织却仍在不懈地搜捕那些当时逃脱了审判，后来隐姓埋名、东躲西藏在世界各地的纳粹战犯。是不是到了一笑泯恩仇、宽恕这些垂垂老矣的凶手的时候？面对这样的疑问，杰出的思想家赫伯特·马尔库塞毫不犹豫地作出了否定的回答：

如果一个死刑执行者请求受害者宽恕,在我看来,这种事总是缺乏人性的,是对正义的嘲弄。一个人不能,也不该到处快乐地杀人,折磨人;然后,时限一到,就简单地请求别人的宽恕,接受别人的宽恕。在我看来,这样做还是在犯罪。(见西蒙·威森塔尔《宽恕?!》第二部分《讨论文集》)

不错,"这样地宽恕犯罪正是犯下了这种宽恕本身想减轻的罪恶"——马尔库塞的慷慨陈词,正是"以直报怨"论在现代世界最强劲的回声。

# 诚　信

子曰:"人而无信,不知其可也。大车无辀,小车无軏,其何以行之哉?"

(《为政第二》)

译文:

　　孔子说:"一个人要是不讲信用,就不知道他能成什么事了。大车没有辀,小车没有軏,它还怎么走呢?"

无论大车小车，缺了用来联结车辕和车辕前那道驾牲口的横木的插销，就无法套住驾车的牛马；人而无信，也将一样寸步难行。人的诚信从古到今都是问题，所以古今思想家屡有讨论。古例，如《吕氏春秋·贵信》：

> 君臣不信，则百姓诽谤，社稷不宁。处官不信，则少不畏长，贵贱相轻。赏惩不信，则民易犯法，不可使令。交友不信，则离散郁怨，不能相亲。百工不信，则器械苦伪，丹漆染色不贞。

今例，如陈独秀一九一六年发表于《新青年》的《我之爱国主义》：

> 人而无信，不独为道德之羞，亦且为经济之累。政府无信，则纸币不行，内债难得，其最大之恶果，为无人民信托之国家银行，金融大权，操诸外人之手。人民无信，则非独资无由创业。当此工商发达时代，非资本集合，必不适于营业竞争。而吾国人之视集资创业也，不啻为骗钱之别名。由是，全国资金，皆成死物，绝无流通生长之机缘。以视欧美人之资财，衣食之馀，悉贮之银行，经营产业，息息流通，递加生长也，其社会金融之日就枯竭，殆与人身之血不流行，坐待衰萎以死，同一现象。是故民信不立，国之金融，决无起死回生之望。

而其最终结果，就是"政府以借债而存，人民以盗窃而活，由贫而弱，由弱而亡"。《吕氏春秋》成书逾两千年，陈文发表也已一百馀年——但到今天，依然令人触目惊心。

# 三　戒

孔子曰:"君子有三戒: 少之时,血气未定,戒之在色;及其壮也,血气方刚,戒之在斗;及其老也,血气既衰,戒之在得。"

（《季氏第十六》）

译文:

　　孔子说:"君子有三种避忌: 少年时,血气不充足,应该避忌女色;中年时,血气正旺盛,应该避忌争斗;老年时,血气已衰退,应该避忌贪得。"

根据人生不同阶段的生理与心理特点,孔子提出"三戒",一语中的,一针见血。

少时"戒之在色",用梁启超的话说,乃因"少年男女,身体皆未成熟,而使之居室,妄斫丧其元气,害莫大焉"。加之"年少者,其智力既稚,其经验复浅,往往溺一时肉欲之乐,而忘终身痼疾之苦,以此而自戕,比比然矣"。且历史还昭示我们:

> 凡愈野蛮之人,其婚嫁愈早;愈文明之人,其婚嫁愈迟。征诸统计家言,历历不可诬矣。婚嫁之迟早,与身体成熟及衰老之迟早有密切关系,互相为因,互相为果。社会学公理,凡生物应于进化之度,而成熟之期,久暂各异,进化者之达于成熟,其所历岁月必多,以人与鸟兽较,其迟速彰然矣。虽同为人类,亦莫不然,劣者速熟,优者晚成,而优劣之数,常与婚媾之迟早成比例……故欲观民族文野之程度,亦于其婚媾而已。即同一民族中,其居于山谷鄙野者,婚嫁之年,必视都邑之民较早;而其文明程度,亦恒下于都邑一等。盖因果相应之理,丝毫不容假借者也。(《禁早婚议》)

而十七至十八世纪英国伟大的讽刺文学作家、《格列佛游记》的作者乔纳森·斯威夫特在血气未衰时写过一篇《预拟老年决心》,其中若干条目,亦可作为第三戒的注脚与补充:

> 不贪婪。

不可武断,或固执己见。

不可多言,不要老谈自己。

不对同样的人老说同样的故事。

不轻易替人出主意,也不麻烦人,除非人家愿意。

不夸自己以前如何英俊,如何强壮,如何得到小姐太太们的青睐。

不听谄言,不幻想还会有年轻女人爱自己。

不娶年轻老婆。

显然是看到了太多教训,所以才要"预拟"决心——如此届时或可免于惹人嫌憎,免于力不从心,免于沦为世人的话柄乃至笑柄。

# 四　毋

子绝四：毋意，毋必，毋固，毋我。

（《子罕第九》）

译文：

孔子杜绝四种毛病：不凭空猜测，不轻下决断，不固执己见，不自以为是。

曾任清华大学与中央大学校长的教育家罗家伦曾为学生作总题为《新人生观》的系列演讲，其中《学问与智慧》一讲提及：

中国的孔子讲学时，曾提"毋意，毋必，毋故，毋我"四个戒条。无论经学家如何诠释，我们拿近代思想方法的眼光来看，可以得到一种新的领悟。毋意可以释作不可凡事以意为之。没有根据先有论断是要不得的，这就是成见（Prejudice），成见与科学探讨的精神不相容。毋必是不可武断（Dogmatic）。武断是虚心的反面，往往以不完备的知识，不合的见解，据为定论。毋固是不可固执（Obstinate），拘泥胶着，拒绝新的事物，新的假定。堕入樊笼而不自解，钻入牛角心里而不自拔。毋我是不可以自己为中心，以自我为出发点（Ego-centric predlcament），妄自尊大，正是所谓我执。这种胸有所蔽的看法，在逻辑上不能允许，在认识论上也不能容。必须破除以上各蔽，乃能清明在躬，洞烛万象。必须如此，才能浚瀹智慧。必须如此，才能役万物而不为万物所役。为学求知应当如此，就是人生修养，也应当如此。

法国哲学家弗朗索瓦·于连在《迂回与进入》中称"毋意，毋必"是指孔子"毫不带有特定的意向触及现实并且对现实没有任何预定的观点，因而不存在强加于现实的'必'，也就是说，对他来讲不存在事先规范他言行的确定的必然性"。

其后他更以《圣人无意》为名另写了一部专著,书中开宗明义,推阐"圣人无意"之意:

所谓"无意",是指圣人不会从很多观念中单独提取一个:圣人的头脑中不会先存一个观念("意"),作为原则,作为基础,或者简单说就是作为开始,然后再由此而演绎,或至少是展开他的思想。所谓"原则",也就是"arché"(始基),由它开始,也由它控制,思想可以由这一点而开始。"原则"或"始基"一经提出,其他的就会自然而然地演绎开来。但是,这恰恰是个陷阱,圣人所担心的,正是这样一开始就定出方向,然后再由这一方向统霸一切的局面。因为,你在提出某个观念("意")的同时,已经把其他观念压了下去,虽然你想的是留待以后再去组合它们。或者更准确地说,提出的观念暗地里已经扼杀了其他的观念。圣人担心首先提出的观念会规范其他的观念。所以,圣人把所有的观念统统摆在同等的地位上,而这正是他的智慧之所在:他认为,所有的观念都有同样的可能性,都同样可以理解,其中的任何一个都不比其他的优先,都不会遮盖其他的,都不会让其他的观念变得黯淡。总而言之,任何一个观念都没有特权。"无意"的意思就是说,圣人不持有任何观念,不为任何观念所局囿。

启发人们不受固有教条的束缚,保持自由开放的心灵,说得振振有词,很有意思——尽管这不一定是或一定不是孔子的意思。

# 知其不可而为之

子路宿于石门。晨门曰："奚自?"子路曰："自孔氏。"曰："是知其不可而为之者与?"

（《宪问第十四》）

译文:
　　子路在石门留宿。守门人说:"从哪儿来?"子路说:"从孔氏那里。"守门人说:"就是那个明知做不到还坚持做的人吗?"

石门是鲁国的外门。子路要去邻国，天色已晚，便在石门留宿，于是跟负责早晚开闭城门的守门人有了这番对话。从守门人口中，道出了时人对孔子最强烈、最深刻的印象——一个"知其不可而为之者"。

为了理想，十四年间带着弟子周游列国，席不暇暖，历尽磨难，连子路都明白"道之不行"已经一目了然，而孔子却依然故我。用"因对中国农民生活史诗般的描绘"获得诺贝尔文学奖的美国女作家赛珍珠的话说，孔子跟耶稣一样，"也是四处周游，在每一个地方寻找他的追随者。他是贫穷的，受到傲慢者和得势者的拦截、嘲笑，但他不屈不挠，绝不改变他的信念"。鲁迅以为"孔老相争，孔胜老败"，原因乃是孔老虽皆尚柔，"但孔以柔进取，而老却以柔退走。这关键，即在孔子为'知其不可为而为之'的事无大小、均不放松的实行者，老则是'无为而无不为'的一事不做，徒作大言的空谈家"。(《〈出关〉的关》)而王蒙更断言：

在中国的古语里，没有比"知其不可而为之"更动人更悲壮的了。从古至今，由于种种原因，某些情况下，会出现整体的不公正不清醒不健康的形势。还有一种情况是由于主观方面的实力不足，一件事的能否成功太无把握。怎么办？是知难而退还是知难而进？是 do it, try it，还是望而却步？而一些仁人志士，爱国者先行者革命者，大师大家，明知正确的主张处于劣势,正义的事业处于劣势,清醒的思想处于劣势,自己的实力还远远不够,还是怀着必死的决心,必败的估计,挺身而出,作出完全没有成功希望的努力,叫做知其不可,知其必定不能成功,知其会给自己带来危险,知其不能被很多人理解,其处境真叫恶劣了,而不放弃,而为之,仍然那样去做。多少民族英雄是这样做的:岳飞、文天祥、史可法……他们在本朝代已经全无希望的情况下作出了挽狂澜于既倒的努力,只能是以身殉职。这里有一个被康德称之为绝对命令的东西,无条件无保留无商量,我们无法想像他们可以有别的选择。多少革命志士也是这样做的,比如秋瑾,比如李大钊,他们在最艰难的情势下没有惧怕付出代价。还有如韩愈的谏迎佛骨,海瑞的罢官,也都给人留下了深刻的印象。科学实验科学研究中,艺术创造中,学理探讨中,新理论体系的形成过程中,使自己成为一个垫脚石,成为铺路的石子,成为划时代的突破的一个序曲的例子不胜枚举。没有他们的知其不可而为之,就没有后人的为而使之可,就没有历史的前进与科学的进步,就没有人类文明的积累与辉煌,就没有可歌可泣的历史、今天与未来。(《悲壮的"知其不可而为之"》)

不仅致力经天纬地的事业,就是日常处世,"知其不可而为之"的勇气也常不可或缺:

虽然我坚信美德是必要的,智慧、光明、心胸和境界都是必要的和有着奇妙的效用的,但是这些好东西并不注定它一出现就所向披靡,它们的被承认,它们的发挥、运用和成功仍然需要一个过程。在这个过程开始之前之中乃至之后,仍然有人痛恨美德,痛恨智慧。原因很简单,你的善良反衬了他或她的恶毒,你的智慧凸显了他或她的冥顽,你的博大提示了他或她的褊狭,你的光明照耀着他或她的阴暗,你的学问、好学更比较出了他或她的昏乱刚愎不学无术。这样你的存在就成了对恶人蠢人糊涂人的挑战,成为他或她的奇耻大辱,成了他或她的眼中钉。怎么办呢?能够因而就不善良不好学不智慧不光明不宽广不高妙起来吗?能够向愚蠢和恶毒投降吗?不,不可能,只能知其不可而为之。(同上)

以上这两节情绪亢奋、语言啰嗦的引文,前者体现的是相信"青春"可以"万岁"的小王的理想(《青春万岁》,王氏早年所著长篇小说),后者体现的是在"尴尬"的生存境遇中仍能不失"风流"的老王的智慧(《尴尬风流》,王氏晚年所著短篇小说集)——其间用法前后稍异,却一以贯之到底的正是《论语》的这句"知其不可而为之"的名言。

# 三省吾身

曾子曰："吾日三省吾身：为人谋而不忠乎？与朋友交而不信乎？传不习乎？"

（《学而第一》）

译文：

曾子说："我每天多次反省自己：为别人办事尽了忠心没有？跟朋友交往讲了信用没有？老师传授的东西温习了没有？"

顾随说：着眼不可不高，下手不可不低——"只向低处下手，不向高处着眼，结果成功必不大；只向高处着眼，不向低处下手，结果根基必不固。"而曾子正给我们树立了榜样：

曾子才也许不高，进步也许不快，但用力很勤，低浅处下手，故亲切……最能表现此种精神、用此种功夫者，是曾子"吾日三省吾身"……曾子所谓"身"，并非身体，乃是精神一方面，"身"说的是心、行。这真是低处着手。人为自己打算没有不忠实的，但为人呢？"为人谋而不忠乎？"十个人有五双犯此病。"与朋友交而不信乎？"说谎是人类本能，若任其泛滥发展就成为骗人，所以当注意。"传不习乎？"……朱注："传，谓受之于师；习，谓熟之于己。"传，师所授；习，己所研。讲起来省事，说起来简单，但行起来可不容易。努力，努力，有几个真努力的？曾子是真想了，也真行了。缺点补充，弱点矫正，这是曾子反省目的。（《论语六讲》）

这种严格要求、不懈反省的精神影响了一代又一代人，别的不论，单说当代古文字学大师于省吾、数学大师陈省身之名，显然都是以"吾日三省吾身"为原材料加工——或截取，或组装——而成的。

# 人死留名

子曰："君子疾没世而名不称焉。"

（《卫灵公第十五》）

译文：

孔子说："君子就担心活了一辈子却没有留下被人称道的好名声。"

李长之由这句话窥见"孔子漏出了好名",但随即挺身而出为之辩护:"一个真正的男性能不重视荣誉么?"(《孔子与屈原》)废名更申论说:

人总有一个留纪念的意思。所以庄周一派的旷达,总不能说是近人情。泰戈尔《飞鸟集》有一章云:"愿生者有那不朽的爱,死者有那不朽的名。"将此意说得最有情趣,令人觉得人生可敬可爱。中国人的生活总是那么的干燥无味,一般读书人的思想亦然,动不动以好名不好名来品评人,其实名是啥物事?好名又是啥物事?本着朴实的感情,好名怎么算得一件不好的事呢?生平或者身后留得好的名声,不正同我们愿被人怀念着是一样的心事么?人生虽短,令名则长,大丈夫真是应该留芳百世。孔子曰:"君子疾没世而名不称焉。"孔子的话我相信同我是一般的老实,一般的说得人生之佳致哩。后来王阳明到底是三代以下的人物,思想便不免钻到牛角湾里面去了,将孔夫子的话要曲为之解。按他的意思圣人怎么说名誉呢?"疾没世而名不称"的"称"字应读若"相称"的"称"字,即是说恐怕死后自己的名誉太大了,实不足以当之。你看这是如何的煞风景。(《黄梅初级中学同学录序》)

如此这般情真意切地为名辩护,少见——绝!

如此这般情真意切地为名辩护的好名之人偏偏自号"废名",仅见——更绝!!

清初学者顾炎武以为孔子关注的重点乃在"没世"：

> 古人求没世之名，今人求当世之名。吾自幼及老，见人所以求当世之名者，无非为利也。（《日知录》卷七《君子疾没世而名不称焉》）

说古人只求"没世"也就是身后之名，未必尽合事实；而他在三百多年前对"今人"所作的批评，倒完全可以沿用至今。

# 逝者如斯

子在川上曰："逝者如斯夫,不舍昼夜!"

(《子罕第九》)

译文:

孔子在河岸上说:"逝去的一切正像这流水,日夜不停!"

诗人梁宗岱耸耸听闻又不无理由地肯定:"对于深思的灵魂,有时单是一声叹息也可以自成一首绝妙好诗。"如十七世纪的法国思想家帕斯卡尔《随想录》中的名句:

这无穷的空间的永恒的静使我悚栗!

梁氏由此联想到孔子的川上之语也同样是"哲人的偶然叹息而具有最高意义的诗的价值"的范例,是"一首含有宇宙意识的诗":

大家都知道,那相信宇宙流动的古希腊哲学家赫拉克来多士关于河流也有一句差不多同样的警辟的话:"我们不能在同一的河入浴两次。"不过,他这话是要用河流的榜样来说明他的宇宙观的,是辩证的,间接的,所以无论怎样警辟,终归是散文;孔子的话却同时直接抓住了特殊现象和普遍原理的本体,是川流也是宇宙的不息的动,所以便觉得诗意葱茏了……"川流"原是一个具体的现象,用形容它的特性的"逝者"二字表出来,于是一切流逝的、动的事物都被包括在内,它的涵义便扩大了,普遍化了;"永久"原是一个抽象的观念,用"不舍"一个富于表现力的动词和"昼""夜"两个意象鲜明的名词衬托出来,那滔滔不息的景象便很亲切地活现在眼前了。(《说"逝者如斯夫"》)

另一位诗人宗白华津津乐道晋人之美,所举的例子之一来自《世说新语》:"卫玠初欲过江,形神惨悴,语左右曰:'见此芒芒,不觉百端交集。苟未免有情,亦复谁能遣此?'后来初唐陈子昂《登幽州台诗》:'前不见古人,后不见来者。念天地之悠悠,独怆然而涕下!'不是从这里脱化出来? 而卫玠的一往情深,更令人心恸神伤,寄慨无穷。"但他随即声明:

然而孔子在川上,曰:"逝者如斯夫,不舍昼夜!"则觉更哲学,更超然,气象更大。(《论〈世说新语〉和晋人的美》)

孔子面对逝川的喟然有叹不仅迷倒了两千多年后的中国诗人,也吸引了两千多年后的俄国文豪,列夫·托尔斯泰就把这句诗敷衍成了散文,借孔子之口传达了他自己——当然也是不悖孔子精神的文化宣言:

孔子的学生们看见孔子凝神看河水奔流,十分奇怪。孔子说:"河水过去、将来总是这样奔流,任何人都明白。但是不是每一个人都懂得,这水流也如同学问一样。我望着河水就想到这点。河水永不停息地奔流,不舍昼夜,直至全部流入大海。我们的父辈、祖辈们,他们的真正的学问也是这样的,它来自世界的端头,无休无止地流向我们。我们也要同样去做,使真正的学问继续流传下去。我们要这样去做,把学问传给后人,让他们也学我们的榜样,再传给自己的子孙。这样一直传到底。"(《流水》)

这自然是托翁的再创作。晚年他向友人坦露心迹:"起先我不敢更改基督、孔子、佛陀说的话;现在我想:我正是应该来更改他们,因为他们是生活在三五千年前的人啊!"而这也正体现了这位伟大的哲人对孔子的敬仰与倾慕——即使《论语》已被他更改得面目全非,即使孔子俨然成了列子("列夫"之"列",非"列御寇"之"列"也)。

# 松寒不改容

子曰："岁寒,然后知松柏之后凋也。"

(《子罕第九》)

译文:
　　孔子说:"天寒了,才知道松柏是最后凋落的。"

《庄子·让王》篇记述：孔子率弟子周游列国，被困在陈蔡之间七天，只能靠喝野菜汤度日，但他依然弹琴唱歌。子路叹息：这真到"穷"的地步了。孔子纠正说："穷"是用来形容对道没有了解的人的；怀抱仁义之道而遭乱世之灾，这不是"穷"，而是难得的考验：

大寒既至，霜雪既降，吾是以知松柏之茂也。

在《论语》的基础上添油加醋，不仅为我们创作了孔子语录的另一个版本，还为我们提供了可能的语境，足资参照。

可参照的名言傥论远不止此。孔说既深蕴哲理，又不乏诗意，所以后人不但屡屡引述，还往往有进一步的发挥，如《荀子·大略》：

岁不寒，无以知松柏；事不难，无以知君子无日不在是。

《史记·伯夷列传》：

"岁寒，然后知松柏之后凋。"举世混浊，清士乃见。

《淮南子·俶真训》：

夫大寒至，霜雪降，然后知松柏之茂也。据难履危，利害陈于前，然后知圣人之不失道也。

《潜夫论·交际》：

岁寒然后知松柏之后凋，世隘然后知其人之笃固也。

除了子书与史籍的引述,它还化入了诗句,化出了诗意。化入诗句的显例如唐人刘禹锡的《将赴汝州途出浚下留辞李相公》:

> 长安旧游四十载,
>
> 鄂渚一别十四年。
>
> 后来富贵已零落,
>
> 岁寒松柏犹依然。

化出诗意的显例如今人陈毅的《冬夜杂咏·青松》:

> 大雪压青松,
>
> 青松挺且直。
>
> 要知松高洁,
>
> 待到雪化时。

宋人又将经冬不凋的竹、至寒始放的梅与松并举,美其名曰"岁寒三友"——"岁寒"云云,自然也是由孔子之语衍生而来的。

# 智者与仁者

子曰:"知者乐水,仁者乐山;知者动,仁者静;知者乐,仁者寿。"

(《雍也第六》)

译文:

孔子说:"智者爱水,仁者爱山;智者好动,仁者好静;智者快乐,仁者长寿。"

叶秀山说：

仁者静穆如山，知者流动如水，此或孔子针对道家而发。盖道家尚水而主静，孔子曰，儒家方为真静，静如山，久驻而寿；乐水知者，如鱼在水中，其乐无穷。或谓后两句事亦涉政治。知者之治，乐也融融；而仁者之治，则能长治久安。征之孔子"安于仁"，可谓儒家一贯主张。（《我读古书的几则笔记》）

《论语》中的语录大多被略去了语境，今天不易明白有些话是针对什么人、什么事说的，这既给我们造成了理解的困难，也给我们提供了附会的方便。叶秀山以仁知之别来论儒道不同；冯友兰则更扩而大之，借仁知之别来论中西差异——在《中国哲学简史》中交代中国哲学的背景时，冯氏专列"海洋国家和大陆国家"一节，对二者作比较：

中国人大多数是农民，这也可以用来说明，何以中国未能兴起一个工业革命，把中国带入现代世界。在《列子》一书里，有一个故事说：宋国国君有一次叫一个巧匠按照树叶雕刻一瓣玉叶。巧匠用三年时间雕刻出了一瓣玉叶，它如此逼真，以至于无人能把它与真的树叶区别出来。国君感到十分得意。列子听说这事后评论说："使天地之生物，三年而成一叶，则物之有叶者寡矣。"（《列子·说符》）这是崇尚自然、谴责人为的人的见解。农民的生活方式容易倾向于顺乎自然。他们爱慕自然，谴责人为；在原始的纯真中，也很容易满足。他们不喜欢变革,也无法想象事物会变化。在中国历史上,曾有不少发明和发现,但它们不曾受到鼓励,却相反受到了打击。

处身在海洋国家的商人们,情况迥然不同。他们有更多的机会见到语言、风俗都不同的他族人民。他们习惯于变化,对新奇事物并不惧怕,而且为了货物得以销售,他们必须对所制造的货物不断创新。西方的工业革命首先发生在英国这样一个靠贸易维持繁荣的海洋国家,不是偶然的。

而他的总结是:

我们还可以仿效孔子的话说:海洋国家的人是知者,大陆国家的人是仁者,然后照用孔子的话说:"知者乐水,仁者乐山;知者动,仁者静;知者乐,仁者寿。"

仿效得够巧妙。

我们还可以仿效西谚"说不尽的莎士比亚"说:说不尽的《论语》。

# 以文会友

曾子曰:"君子以文会友,以友辅仁。"

*(《颜渊第十二》)*

译文:

　　曾子说:"君子通过学问来结交朋友,通过交友来促进仁德。"

朱熹发挥说:"讲学以会友,则道益明;取善以辅仁,则德日进。"(《四书章句集注》)清儒黄式三更把对曾子名言的领悟写成了《贤友颂》:

残刻之行,借贤友以箴止之;恻隐之端,借贤友以感激之。扩欲无害人之心,使之充满洋溢,赖贤友以奖劝于不倦也;遭颠沛造次之,使之坚忍操守,赖贤友以扶掖于易衰也。人无贤友,何以成其德哉!

同声相应,同气相求,所以伊索说:"谁喜欢什么样的朋友,谁就是什么样的人。"(《买驴》)好的老师,好的朋友,好的书籍,都是一个人成长过程中必要的营养素、催化剂。汉代人有言:"贤师良友在其侧,《诗》《书》《礼》《乐》陈于前,弃而为不善者,鲜矣。"(《说苑·谈丛》)而唐代诗人祖咏的《清明宴司勋刘郎中别业》:

以文长会友,唯德自成邻。

显而易见,都是从《论语》中衍化出来的。前一句不必说,后一句则改写自孔子的名言:"德不孤,必有邻。"(《里仁第四》)

# 见贤思齐

子曰:"见贤思齐焉,见不贤而内自省也。"

(《里仁第四》)

译文:

孔子说:"见了贤人就想着向他看齐,见了不贤之人就借此自我反省。"

孔子说过:"三人行,必有我师焉。择其善者而从之,其不善者而改之。"(《述而第七》)同伴无论贤或不贤,好的地方我可以师法,由"思齐"而"从之";不好的地方我可以借鉴,由"内自省"而"改之"——两章语意正可互相补充。

这不仅是孔子的观念,也是古人共有的观念。老子说:"故善人者,不善人之师;不善人者,善人之资。"(《老子》第二十七章)荀子说:"见善,修然必以自存也;见不善,愀然必以自省也。"(《荀子·修身》)

这不仅是中国人的观念,也是外国人共有的观念。波斯诗人萨迪在《蔷薇园》第二卷《修士的品德》中记述:

有人问鲁格曼:"你的礼貌是向什么人学来的?"他回答说:"向那没有礼貌的人。凡是他那些要不得的举动,我决不去做。"

虽然只是一句不经意的玩笑,
智者却从中引出许多思考。
虽然那是千真万确的真理,
愚人却始终视作儿戏。

明初讲究笃实躬行的醇儒薛瑄大概受孟子"以友天下之善士为未足,又尚论古之人"(《孟子·万章下》)说的影响,更进一步提出参照对象不应只限现实中的活人,还应追加历史上的死人:

"见贤思齐,见不贤而内自省。"不独见当时之人如此,以至读古人之书,见古人之贤者皆"思齐",见古人之不贤者皆"自省",则进善去恶之功益广矣。(《读书续录》)

这是不惜以一己之力,来与古今众生同时较劲了。这样的设想我等凡庸之辈要是当真实行起来——或者仅仅憧憬一下,其远景可能是把你自我净化到超凡越圣,倾国倾城;其近景一定是先把你自惭形秽得百孔千疮,遍体鳞伤。苛刻的理学家无论对己还是对人,出起狠招来确乎是不留退路的。我们今天不具备这样的定力,不具备这样的能力,只有借轻笑古人的迂阔来掩饰自己的懦弱了。

# 讷言敏行

子曰:"君子欲讷于言而敏于行。"

(《里仁第四》)

译文:

　　孔子说:"君子应该出言谨慎,做事勤勉。"

正如诗人所歌吟的:

> 言论的花儿开得愈大,
>
> 行为的果子结得愈小。(冰心《繁星》)

有感于夸夸其谈者远多于默默实干者,孔子再三表达了对前者的不屑,如"巧言令色,鲜矣仁"(《学而第一》);对后者的表彰,如"刚毅木讷近仁"(《子路第十三》)。他感慨过去的人话不轻易出口,认为说了做不到是一种耻辱,而这种古风今天却很少见了。他的学生司马牛也爱高谈阔论,一次问老师怎样才算仁,孔子单刀直入:"仁人说话往往迟钝。"司马牛不服:"说话迟钝就叫仁吗?"孔子毫不让步:"做起来那么艰难,说起来能那么草率吗?"所以君子应该是"讷于言而敏于行"的。所谓迟钝,也就是要谨慎、稳重的意思。这句名言对后人影响深远,从毛泽东将两个女儿分别取名为"李敏"与"李讷"即可见一斑。

# 不患无位

子曰："不患无位，患所以立。不患莫己知，求为可知也。"

(《里仁第四》)

译文：

孔子说："不怕没有职位，就怕用来履职的能力不够。不怕没有人知道我，要追求值得让人知道的本领。"

类似的话孔子说过多次，如"不患人之不己知，患其不能也"（《宪问第十四》）；如"君子病无能焉，不病人之不己知也"（《卫灵公第十五》），既用以宽慰自己，又用以鼓舞学生。到了荀子，表述更为系统：

> 士君子之所能不能为：君子能为可贵，不能使人必贵己；能为可信，不能使人必信己；能为可用，不能使人必用己。故君子耻不修，不耻见污；耻不信，不耻不见信；耻不能，不耻不见用。是以不诱于誉，不恐于诽，率道而行，端然正己，不为物倾侧，夫是之谓诚君子。（《荀子·非十二子》）

意思是说：士君子有些事是能做到的，有些事是不能做到的。君子能做到值得被人推重，但不能做到让他人一定推重自己；能做到值得被人相信，但不能做到让他人一定相信自己；能做到值得被人任用，但不能做到让他人一定任用自己。所以君子会把品德有污当作耻辱，但不会把被人污蔑当作耻辱；会把诚信不足当作耻辱，但不会把不被信任当作耻辱；会把能力欠缺当作耻辱，但不会把不被任用当作耻辱。所以他不要虚誉，不怕诽谤，行事遵循道义，严格要求自己，不会被外在的东西搞得神魂颠倒，这才叫真君子。

的确，一个人有了让人钦服的本领，哪怕没有教授职称，最终也会赢得尊敬；没有让人钦服的本领，哪怕拥有院士头衔，最终也会落下笑柄。因此，理智健全、头脑清醒的人最好不要通过歪门邪道去攫取自己的实力不能与之相配的职衔；有了这样虚高的职衔最好也别洋洋自得，更别不可一世，而不妨多看看自己的"位"与"所以立"之间的差距。《文汇报》载复旦大学物理系首席教授王迅以为，一个好的教授应该具备相应的文化素质、学术水平和教学能力，能出色地主讲本科生基础课，能独立开辟新的研究方向，有国际公认的学术成果，经常参加重要学术会议跟世界一流科学家对话。他进而宣称：若以美国加州大学伯克利分校之类世界名校的标准来衡量，复旦大学物理系"够得上教授水平的一个也没有"——包括他这个老资格的中国科学院院士在内。对于队伍仍在持续壮大中的博士、教授乃至院士来说，从孔子的教言到王氏的针砭，正堪时时三复，以免自觉天下之美尽在于己——因为很可能，你仍在井底。

# 或仕或隐

宪问耻。子曰："邦有道，穀；邦无道，穀，耻也。"

（《宪问第十四》）

译文：

　　原宪问怎样的行为可耻。孔子说："国家政治清明之时，可领受俸禄；国家政治黑暗之时，仍领受俸禄，就可耻了。"

孔子主张:"天下有道则见,无道则隐。邦有道,贫且贱焉,耻也;邦无道,富且贵焉,耻也。"(《泰伯第八》)国中有道,自当履行社会职责;国中无道,却仍身居高位,那就可能甚至必然要以同流合污、为虎作伥来作代价。东汉思想家王符在《潜夫论·本政》篇中称孔子的话证明:"衰世之士志弥洁者身弥贱,佞弥巧者官弥尊也。"刘殿爵说:

> 不管国家治乱都迫不及待地等着当官是孔子深以为"耻"的:"邦有道,穀;邦无道,穀,耻也。"因为当"道"不行于国中时,人只能违背原则来保住职位,如果不这样,那就是自蹈死地。在这种情况下,人只能避祸而远之,专心追求人生最高的境界,独善其身。不管国有道与否,史鱼为人梗直如飞矢,孔子嘉许他的刚毅。与他相反,蘧伯玉于国有道时入仕,而国无道时则退隐,孔子仍称其为君子。孔子屡次表达了这种态度。"子谓南容:'邦有道,不废;邦无道,免于刑戮。'"宁武子在国家有道时贤明,而国无道时便装傻,孔子说:"其知可及也,其愚不可及也。"孔子认为全德避祸的办法就是"邦有道,危言危行;邦无道,危行言孙"。这和他的一般看法是一致的。(《〈论语〉中所见的孔门弟子》)

以上对孔子之言的理解都是据汉代孔安国注来的:"穀,禄也。邦有道,当食禄。""君无道,而在其朝,食其禄,是耻辱。"宋代朱熹理解略有不同,以为"邦有道不能有为,邦无道

不能独善,而但知食禄,皆可耻也"(《四书章句集注》)。清代俞樾作了评断:

> 孔子尝言:"邦有道贫且贱焉,耻也;邦无道富且贵焉,耻也。"然则邦有道自宜食禄,孔注是也。若如朱注"邦有道不能有为,邦无道不能独善,而但知食禄,皆可耻也",则经文止有两"穀"字,并不言"但知食禄",安得增益其文乎?(《论语古注择从》)

俞辩有理有据,当可信从;只是朱注流传广,影响大,后世学者照他的解说来理解者众多,有的还就此做了很好的发挥,如近代唐文治说:

> 邦有道之时,宜办天下之大事,乃仅食禄焉,则其短于才德可知也,可耻也;邦无道之时,宜隐居以求其志,乃亦食禄焉,则其从俗浮沉,或曲学阿世可知也,尤可耻也。(《论语大义》)

正所谓"肉食者鄙"(《左传》庄公十年载曹刿语)——要以这样的标准来衡量肉食者,不鄙不可耻的还剩几个呢?

# 君子忧道不忧贫

子曰："士志于道,而耻恶衣恶食者,未足与议也。"

(《里仁第四》)

译文:

　　孔子说："士有志于道,却以自己穿得不好、吃得不好为耻,这样的人就不值得跟他说什么了。"

跟这句话意思相近,孔子还说过"士而怀居,不足以为士矣"(《宪问第十四》)——士要是只以家居为怀,一心贪图安逸,他就不是一个够格的士了。人的精神与力量都是有限的,投入于精神的东西多一分,投入于物质的东西就少一分,反之亦然。而士"任重道远","不可以不弘毅"(《泰伯第八》),因此"食无求饱,居无求安"(《学而第一》),就成了士的题中应有之义。雨果谴责"对物质过度热情,这是我们时代的罪恶":

人有了物质才能生存,人有了理想才谈得上生活。你要了解生存与生活的不同吗?动物生存,而人则生活。……除了饱食终日以外,还有另外一些更重要的事情。动物的目的,并不就是人类的目的。(《莎士比亚论》)

而人是可以也应该"把自己的希求提得更高一些"的。一个有抱负的人是这样,一个有希望的民族也是这样。一九三五年,许地山在北京大学演讲《造成伟大民族的条件》,既肯定"凡伟大的民族须有多量的生活必须品",也强调"凡伟大的民族必有生活向上的正当理想,不耽于物质的享受":

物质生活虽然重要,但不能无节制地享用。沉湎于物质享受的民族是不会有高尚的理想的。一衣一食,只求其充足和有益。爱惜物力,守护性情,深思远虑,才能体会他和宇宙的关系。人类的命运是被限定的,但在这被限定的范围里当有向上的意志。所谓向上是求全知全能的意向,能否得到且不管它，只是人应当努力去追求。为有利于人群，而不教自己或他人堕落与颓废的物质享受是可以有的。我们也可说伟大的民族没有无益的嗜好，时时能以天地之心为心。古人所谓明明德、止至善，便是这个意思。我信人可以做到与天同体、与地合德的地步，那只会享受、不乐思维的民族对于这事却不配梦想。

听了雨果的话，我们已说过：一个人是这样，一个民族也是这样。听了许氏的话，我们还要说：一个民族是这样，一个人也是这样。

# 无求饱，无求安

子曰："君子食无求饱，居无求安，敏于事而慎于言，就有道而正焉，可谓好学也已。"

（《学而第一》）

译文：

孔子说："君子吃不求饱足，住不求安逸，做事精勤，说话谨慎，向得道的君子求教以明是非，这样就称得上好学了。"

汉儒郑玄注释:"无求安饱,学者之志有所不暇也。"——不是舒适的生活不好,而是有志的学者顾不上。清儒刘宝楠补充:"无求饱,无求安,若颜子一箪食,一瓢饮,在陋巷不改其乐者也。"(《论语正义》)

一百多年前的一九一六年五月,一位正在清华就读的学生在校刊上发表《说衣食》:

记曰:君子食无求饱,居无求安。又曰:饱食暖衣,逸居而无教,则近于禽兽。故吾人当求学时代,不当以衣食粗恶为耻,尤不当以衣食精美为的。且学生之在学校,视团体不重个人,然苟一人有求美求精之心,即有影响全校之势,即有造成风气之危。故一人之崇尚俭德,全校皆受其赐;一人之专事衣食,人人将受其染,不可不加之意也。

清华学生,向至俭朴,盖一则清华地绝尘俗,不常与声华器陋之习近接;一则吾人常自内省,而自绝于求饱求暖之途也。然风气之普及速于疾病之传染,稍有不慎,全校完美之精神瞬息破坏,而不良之校风随之以入,是人人所皆当注意者也。

不但自己慨然立志响应孔孟号召,"自绝于求饱求暖之途",还呼吁同学们人人尽责来维护学校的优良传统,出类拔萃是显而易见的。所以他后来不仅成了中国顶尖的大学者,还成了中国顶尖名校北京大学的领导人——他的名字叫汤用彤。

# 贫富之间

子贡曰:"贫而无谄,富而无骄,何如?"子曰:"可也。未若贫而乐,富而好礼者也。"

(《学而第一》)

译文:

子贡说:"贫穷却不谄媚,富有却不自大,怎么样?"孔子说:"还行。不过比不上贫穷却依然快乐,富贵却依然好礼。"

贫贱者除了不对富贵者阿谀讨好，最好还能忧道不忧贫；富贵者除了不对贫贱者托大摆谱，最好还能好礼不逾矩。慑于饥寒的贫贱者人穷志短，往往难以坚守理想；流于逸乐的富贵者财大气粗，往往不免恣意妄为。朱熹对这一章有丝丝入扣的解读：

> 谄，卑屈也。骄，矜肆也。常人溺于贫富之中，而不知所以自守，故必有二者之病。无谄无骄，则知自守矣，而未能超乎贫富之外也。凡曰"可"者，仅可而有所未尽之辞也。乐则心广体胖而忘其贫，好礼则安处善，乐循理，亦不自知其富矣。
> (《四书章句集注》)

他还联系子贡由经商而致富的履历，称其正是为自己能"用力于自守"而沾沾自喜，期待老师夸奖，所以才设计了这么富于启发性的问题。而孔子的回答，则是"许其所已能，而勉其所未至也"(同上)。

# 义利之辨

子曰："君子喻于义,小人喻于利。"

(《里仁第四》)

**译文:**

孔子说:"君子明白的是义,小人明白的是利。"

劳思光详辨"所谓'义',在《论语》中皆指'正当'或'道理'。偶因语脉影响,意义稍有变化,但终不离此一意义"(《新编中国哲学史》)。陈大齐则指出:

> 孔子此言只在表示:君子知道义的好处而爱好义,一切行事都以义为准则;小人只知道利的好处而爱好利,一切行事都以利为准则。不可推测过甚,以为义与利两相矛盾,不能并容,义者必不利,利者必不义。亦不可推测过甚,以为"喻于义"与"喻于利"是君子与小人所由分,君子只可"喻于义",不可"喻于利",一"喻于利",便成小人。过甚的推测足以令人误解孔子思想的真意。孔子并未主张义与利是两不相容的,亦未主张君子见了利便应掉头不顾,不容作任何考虑。(《孔子学说》)

陈氏还引孔言"不义而富且贵,于我如浮云"(《述而第七》)来证明"富且贵是私利,然孔子所视若浮云而不欲得的只是不义的富贵;若是合义的富贵,不在孔子摒弃之列";引孔言"邦有道,贫且贱焉,耻也"(《泰伯第八》)来证明"合义的富贵不但不应当摒弃，而且是应当求取的"。张岱年也说：

> 孔子区别了义与利，他说："君子喻于义，小人喻于利。"(《论语·里仁》)他把义与利对立起来。他所谓义指行为必须遵循的原则，他所谓利指个人的私利。他说过："放于利而行，多怨。"(《论语·里仁》)这所谓利显然是指私利而言。但是孔子并不完全排斥利，曾经提出"因民之所利而利之"(《论语·尧曰》)的政治主张，他所强调的是"见得思义"，他所反对的是见利忘义。(《中国伦理思想研究》)

诸家所论都是言之成理的。

## 市侩主义

子曰:"饱食终日,无所用心,难矣哉! 不有博弈者乎? 为之,犹贤乎已。"

(《阳货第十七》)

译文:
孔子说:"整天吃饱肚子,却不用任何心思,这就不好办了! 不是有掷骰子、下围棋的人吗? 就是玩这些,也比什么都不干强啊。"

俄国文豪高尔基为市侩主义下的定义,就是"很少的工作,很少的想,很多的吃"(《市侩》),如用文言翻译,几乎可以照搬孔子之语。梁启超论及敬业时就搬出孔子来说事:

　　孔子说:"饱食终日,无所用心,难矣哉!"又说:"群居终日,言不及义,好行小慧,难矣哉!"孔子是一位教育大家,他心目中没有什么人不可教诲,独独对于这两种人便摇头叹气说道"难!难!"可见人生一切毛病都有药可医,惟有无业游民,虽大圣人碰着他,也没有办法。

　　唐朝有一位名僧百丈禅师,他常常用两句格言教训弟子,说道:"一日不做事,一日不吃饭。"他每日除上堂说法之外,还要自己扫地、擦桌子、洗衣服,直到八十岁日日如此。有一回他的门生想替他服劳,把他本日应做的工悄悄地都做了,这位言行相顾的老禅师,老实不客气,那一天便绝对的不肯吃饭!

　　我征引儒门、佛门这两段话,不外证明

人人都要正当职业，人人都要不断的劳作。倘若有人问我：百行什么为先，万恶什么为首？我便一点不迟疑答道："百行业为先，万恶懒为首。"（《敬业与乐业》）

这自然是老生常谈——而之所以能成为常谈，正因其言合乎常理。但愿我们不会有跟钱锺书读完某位英国学者的文集时相同的感受：

他这些话也许是该说的，但我怕是白说的。（《白朗：咬文嚼字》）

# 思不出位

曾子曰："君子思不出其位。"

(《宪问第十四》)

译文:

曾子说:"君子动念不会越出自己的本位。"

曾子的话显然是对孔子的名言"不在其位，不谋其政"
（《泰伯第八》）的申说。潘重规阐释：

君子的人，谨身自守，明辨慎思，凡所思虑，必能依职位，
而不致有越分之想。《周易·艮卦·象辞》云："君子以思不
出其位。"《礼记·中庸篇》云："君子素其位而行，不愿乎其
外。"并可与此文相参证。（《论语今注》）

人人"谨身自守"，难免进取不足；然而要是人人充满"越
分之想"，更是可怕的事。供职于国中最高人文研究机构中国
社会科学院常作今生叹的历史学家金生叹以《越位》为题
撰文：

曾子曰："君子思不出其位。""左"的年代，对此语一棍子
打死，谓其麻醉被剥削、被压迫者，安于被奴役现状。现在看
来，此亦片面之论也。验诸现实生活，无论官民，倘不安其位，
胡思乱想，动辄越位，则往往为社会不容。足球场上，因越位
在先，即使进球，亦无效，固不必论矣。利用权力贪赃枉法、包
二奶等等，其实不亦正是越位行径乎？即使学术、文化界，越
位现象也是屡见不鲜。如某人，原在某有司管总务，读书甚
少，后竟委以领导某文化团体重任，已属越位；此公又无自知
之明，经常发表"重要"讲话，居然说出"《诗经》是我国第一部
散文集，其中《孔雀东南飞》很精彩，罗敷的形象很动人"那样
不通至极的话来。又如某人，高中文化，原系某领导秘书，后

调任某人文研究机构,成了负责人之一,居然摇身一变,成了博士导师,不知其博在何处,以何物导人?另一要员,原本学的理工,现已是两门人文科学之博导,正拟再当人类学博导,全不怕误人子弟。此辈若能从"君子思不出其位"有所悟,又安能胆大妄为、徒增笑柄乎!

不过要是今生不再有诸如此类可叹的"笑柄"了,小到《越位》这样精悍的杂文,大到《官场现形记》《二十年目睹之怪现状》那样斑斓的长卷都失却了产生的土壤,那文坛该多么沉寂,世界又该多么乏味啊!

# 乡　愿

子曰："乡原，德之贼也。"

(《阳货第十七》)

**译文：**

孔子说："乡愿，是道德的破坏者。"

"原"字通"愿"。据孟子的阐释,"乡原"是"阉然媚于世"的人,他们全无原则,全无性情,"同乎流俗,合乎污世",但却"不可与入尧、舜之道"。(《孟子·尽心下》)据朱子的阐释,"乡原"是"小廉曲谨、阿私徇俗"的人,"以彼致饰于外,而人皆称之,而不知其有无穷之祸"。不幸中国社会长期以来都是被乡愿支配的。美学家宗白华说:

> 孔子知道道德的精神在于诚,在于真性情,真血性,所谓赤子之心。扩而充之,就是所谓"仁"。一切的礼法,只是它寄托的外表。舍本执末,丧失了道德和礼法的真精神真意义,甚至于假借名义以便其私,那就是"乡原",那就是"小人之儒"。这是孔子所深恶痛绝的。孔子曰:"乡原,德之贼也。"又曰:"女为君子儒,无为小人儒!"他更时常警告人们不要忘了礼法的真精神真意义……然而孔子死后,汉代以来,孔子所深恶痛绝的"乡原"支配着中国社会,成为"社会栋梁",把孔子至大至刚、极高明的中庸之道化成弥漫社会的庸俗主义、妥协主义、折衷主义、苟安主义。孔子好像预感到这一点,他所以极力赞美狂狷而排斥乡原。(《论〈世说新语〉和晋人的美》)

另一位也认为中国社会充斥了乡愿的学者梅光迪,则把乡愿等同于投机分子与成功人士。他援引 G. L. 狄更生之言,谓世上有一等人,"和光同尘,随时俯仰,以成功为其准则。故生于尚武时代,则为军人;生于宗教时代,则为僧尼;生于拜金之现代美国，则为银行家、为巨商"。这一类人在他看来正是乡愿，而"吾国数千年社会，即为此种投机分子之大舞台"。（《孔子之风度》）

至今犹然——如果不是于今为烈的话。

# 不盲目从众

子曰："众恶之，必察焉；众好之，必察焉。"

(《卫灵公第十五》)

**译文：**

　　孔子说："对大家都厌恶者，必须加以审察；对大家都喜爱者，也必须加以审察。"

多数人的好恶往往体现了民意；但有时多数人好恶的原因未必在于是非，也可能在于利益，甚至可能是受了蒙蔽或蛊惑的是非颠倒。所以孔子强调要对大家喜爱或厌恶的原因加以审核察验，再作出自己的判断。无论从历史还是从现实看，这都是必要而有益的提醒。钱穆说：

> 或有特立独行、亦有为大义冒不韪而遭众恶者；亦有违道以邀誉、矫情以钓名而获众好者。众恶众好，其人其事必属非常，故必加审察。（《论语新解》）

杨国荣说：

> "众"与个体或自我相对，众恶、众好，表达的是众人的意见与态度；众恶之必察、众好之必察，意味着对众人的意见与态度加以进一步的反思与考察，而反对盲目从众。这里既体现了一种理性的立场，也蕴含着对个人独立性或者自主性（个体独立地看待问题、自主地作出判断）的肯定。（《何为人——从孔子的观点看》）

这样不盲目的独立判断也意味着一个人的担当意识，而具备这样担当意识的人越多，"同流合污以媚于世"（《四书章句集注》）的人才会越少。

# 恶居下流

子贡曰："纣之不善，不如是之甚也。是以君子恶居下流，天下之恶皆归焉。"

（《子张第十九》）

译文：

　　子贡说："纣的恶劣，没到这么过分的地步。所以君子最怕沦入人品低下者的行列，那样一来天下的坏名声就都归在他身上了。"

纣是商朝最后一个君主，才力过人，不无建树，但刚愎自用，耽于酒色，横征暴敛，残害忠良，终致民怨沸腾，众叛亲离。周武王伐商时商军倒戈，纣以自焚终结了一生，也终结了一朝。这样污迹斑斑的末代之君的形象当然不可能是正面的；但在不断增饰的记载与传说中，他已成为恶君乃至恶人的标本，"后世论及商纣之大恶，林林总总，一言难尽，大体的趋势是越演越烈"（杨儒宾《纣王之恶：殷商巫教文明的"末路症候群"》），不是他的罪恶也被记在他的账上。子贡看到了这一点，其言主观上是对自身修养提出的要求，客观上却成为对史乘失实提出的批评，不仅在汉唐即得到了刘向、刘知几的响应，直到现代仍深获学者的共鸣。以倡"古史辨"著称的顾颉刚指出：

春秋战国时人说话，最喜欢举出极好的好人和极坏的坏人作议论的材料。极好的好人是尧、舜、禹、汤，极坏的坏人是桀、纣、盗跖。所以战国时有一句成语，叫做"誉尧非桀"（这句话的本义是誉尧、舜而非桀、纣，因为要句子短一点，便单举了尧、桀。实际上，誉舜非纣的要更多）。一个人天天给人家称誉，自然要好到三十三天的顶上去了；一个人天天给人家非薄，十八层地狱的末一层也就按定他跌进去了。这种过度的毁誉说得太离奇时，即在没有历史观念的时代，也免不得引起听者的疑惑。所以尧、舜的誉有韩非子等怀疑，而桀、纣的毁也被子贡和荀子看出了破绽。荀子道：古者桀纣……"身死国亡,为天下大儆,后世言恶则必稽焉"(《非相篇》《正论篇》)。说到"言恶必稽",分明看出桀、纣负了种种恶事的责任,为无量数恶人当着代表。但他并没有进一步推翻伪史。子贡便老实说破了。他道:"纣之不善,不如是之甚也!是以君子恶居下流,天下之恶皆归焉。"(《论语·子张篇》)这是说明纣的不善的声名都由于他所站的恶劣的地位而来,说得非常的对。因为普通人的心目中原是不看见个人而只看见地位的,老话所谓"牌子"、新语所谓"偶像",都是这种心理的表现……谚云:"成则为王,败则为寇。"这个观念能跳出的有几人呢!纣既不幸亡国,他的牌子天天被周朝人毁坏,他成为一个罪恶所归的偶像自然是无足怪的事了。(《纣恶七十事的发生次第》)

以撰《厚黑学》著称的李宗吾则索性仿拟子贡之言补充道:"尧、舜、禹、汤、文、武、周公之善,不如是之甚也。是以君子愿居上流,天下之美皆归焉。"并进一步申论:"若把'下流'二字改作'失败',把'上流'二字改作'成功',更觉确切。"我们自不必像常见的浅人妄徒那样,专做刻意立异、哗众取宠的历史翻案文章;但有数不在少的历史与现实,是可以也值得从这个角度来深思与深究的。

# 失人与失言

子曰："可与言而不与之言,失人;不可与言而与之言,失言。知者不失人,亦不失言。"

(《卫灵公第十五》)

译文:

　　孔子说:"可以讲却不跟他讲,就错过了人;不可以讲却硬跟他讲,就说错了话。智者既不该错过人,也不该说错话。"

刘沅说：

五伦惟君亲为大。事君忠谏，事亲几谏，不可不尽其诚也。兄弟怡怡友也、弟也。诚至而义尽可化者多，不可化者亦有无失乎恩而已。妻子，吾所驭正，身化之责不容辞。惟师友之际轻重厚薄不能无别，子故言此。盖君子道得于身，惟恐人之不善，其殷殷与之言者，仁也，亦义也。第必其人之虚怀受教，而后可以获益。若本无信从之念，强以语之，则反为所狎，而在我有轻道失己之嫌。若其人诚贤矣，而又秘而勿与大道，何赖焉？知者两无所失，所以常得英才而亦不至邻于比匪。

（《论语恒解》）

李泽厚则指出说：这不过是"生活的普通智慧。但并不容易做到，失言失人，固常见者"（《论语今读》）。

例子太多——有时就连智者且不得幸免。

一九五三年，有"最后一个儒家"之誉的梁漱溟在全国政协会议上对过渡时期总路线报告提出意见，反映近年工人生活水平有所提高，而农民则依然很苦，以致民间有"工人农民生活九天九地之差"的抱怨，建议要多顾及农民利益。其言一出即遭呵斥与围攻。

数十年后，梁氏已成故人。他早年在北京大学任教时的学生张中行追悼这位危言危行的老师说：

梁先生年轻时候信佛,曾想出家,"从"政以后,虽然仍旧茹素,却像是不再想常乐我净方面的妙境,而成为纯粹的儒。与法家相比,儒家是理想主义者,相信人性本善,人皆可以为善。而世间确是有不善,怎么办?办法还是理想主义,比如希望君主都成为尧、舜,臣子都成为诸葛亮、魏徵。希望多半落空,怎么办?理想主义者一贯是坚信,暂时可以落空,最终必不落空。理想主义者总是彻头彻尾的理想主义者……恕我狂妄,在梁先生作古之后还吹毛求疵。我总是认为,梁先生的眼镜是从 Good 公司买的,于是看孔、孟,好;看人心不古的今人,还是好;直到看所有的人心,都是好。可是就是这样的他眼镜中的好人,集会批判他了,因为他是不隐蔽的孔子的门徒;孔早死了,抓不着,只好批其徒。他不愧为梁先生,恭聆种种殊途而同归的高论之后,照规定说所受教益,还是老一套,就是大家熟知的:"三军可夺帅也,匹夫不可夺志。"事过境迁,现在有不少人赞叹了。我则认为梁先生明志,引《论语》还引得不够。应该加什么?显然应该加上另外两句:一句是"道之不行,已知之矣";另一句是"不可与言而与之言,失言"。这也就可证,梁先生是地道的理想主义者,甚至空想主义者。(《梁漱溟》)

用沉着的笔调表达沉痛的感慨,而对《论语》恰到好处的引述,更起到了为全文点睛的作用。

# 愚不可及

子曰:"宁武子,邦有道则知,邦无道则愚。其知可及也,其愚不可及也。"

(《公冶长第五》)

译文:

孔子说:"宁武子,在国家步入正轨时就发挥聪明为国效力,在国家走上邪路时就装傻避祸。他的聪明别人能具备,他的装傻则是别人不具备的。"

皇侃《论语义疏》说孔子这是表扬卫国大夫宁武子在"邦君有道"时就"肆己智识",当"国主无道"时就"卷智藏明"。日本当代思想家子安宣邦则述十七世纪江户前期的儒学家伊藤仁斋的《论语古义》说：

> 这里说的是宁武子的处世之方,是与君子之道相符合的。即便人们知道在国家有道之时当智者的困难,却不知道在国家无道之时当愚者是难上加难。国家有道之时,上坦然无所隐,下也正直诚实。是其所是,非其所非,无所忌惮。身处这样的时代,诚实地运用智慧即可成事。然而,国家无道之时,上昏下诌,是非颠倒。身处这样的时代,既要做到不枉道媚上,又不贸然进谏以致祸及己身,是非常困难的。因此仁斋才说:"此所以其知可及,而其愚不可及也。"(《孔子的学问:日本人如何读〈论语〉》)

纵观历史,拥有、保持节操的智慧的人,显然是绝对的少数。面对一个已完全无能为力的乱世,孔子认为"愚"不仅是可取的人生态度,而且是可贵的人生智慧。所以尽管孔子自己每每知其不可而为之,《论语》里却记载:弟子南宫适在国家清明的时候就贡献力量,在国家黑暗的时候就明哲保身,受到孔子青睐,于是孔子作主把侄女嫁给了他。

# 辞 达

子曰:"辞达而已矣。"

(《卫灵公第十五》)

译文:

孔子说:"言辞能明白表意就行了。"

朱熹阐释说："辞取达意而止,不以富丽为工。"(《四书章句集注》)语言是表达思想、传承文化的工具,言之无文,行之不远;但修饰是手段,达意是根本,过犹不及,文辞亦然。孔子这句才五个字的名言,简洁地传达了鲜明的观点,正不失为"辞达而已矣"的现成范例。而在清儒张英看来,全部《论语》文字都体现了这样的特点:"简古浑沦,而尽事情;平易涵蕴,而不费辞。"(《聪训斋语》)

一九三〇年,小说家张恨水以此为题撰文,借孔子之言来解构胡适《建设的文学革命论》中的立论:

主张文学革命的人,他们曾立下几个定则,不惜以金针度人。他说:(一)要有话说,方才说话。(二)有什么话,说什么话。话怎样说,就怎样说。(三)要说我自己的话,别说别人的话。(四)是什么时代的人,说什么时代的话。你看他重三倒四的定了这四个定例,好像费了许多锻炼,才说出来似的。其实所谓死的文学里面,像这样的定例,早是有了。而且他发得极切实,极干脆,就是三家村里蒙童所必读的一句书:"辞达而已矣。"

这样一句很容易说出来的话,看起来似乎简单。但是我们细细的咀嚼一番,实在有道理。回头来,再一研究那四条定例,反而觉得累赘了。我这篇漫言就是白话,自然不反对白话。而作白话的定则,我认为也无非"辞达而已矣"。文学革命家偏要弯弯曲曲说上许多,岂不是图干脆而反要麻烦?古人说,苏东坡之诗,大步走出,自然大方;黄山谷扭捏作态,费许多力气,依然不讨好,为的什么?这话拿来论白话文的什么规矩,什么体律,倒是相合。(《辞达而已矣》)

从文学革命家所不屑的"死的文学"中,拈出既与他们主张相同、又比他们表述高明的名句,来对他们进行婉讽,也不失为善用《论语》的佳例。

# 困 学

孔子曰："生而知之者,上也;学而知之者,次也;困而学之,又其次也;困而不学,民斯为下矣。"

(《季氏第十六》)

译文:

　　孔子说:"生来就知道的人,最高明;学了才知道的人,次一等;有了困惑再去学的人,又次一等;而有困惑仍不肯学,这样的人就是最下等的了。"

孔子相信有生而知之的天才,但他明确表示"我非生而知之者"(《述而第七》)。连"大成至圣先师"都不在内,这对芸芸众生不啻是一个必要的安慰。"生而知之者"不必学,"困而不学者"不肯学,绝大多数的普通人无疑都是"困而学之""学而知之"的。卡尔·雅斯贝尔斯在《大哲学家》一书的《孔子》章中阐释:

> 孔子区分了四种类型和层次的人。一是圣人,他们生而知之。孔子从未见过这样的圣人,但他不怀疑他们的存在。二是通过学习获得知识的人,他们是君子。三是发现学习困难,但并不因此气馁的人。四是感觉学习困难便不再作任何努力的人。中间两种人都可以变化,虽然可能失败,但他们总归在进步。"唯上知与下愚不移。"

其实不仅普通人,不少名家甚至大师也不讳言他们是在困惑中发愤学习才祛除困惑的,因此"困学""困知"就成了艰苦求索的代名词,也成为古今学者钟情的常用词,例如宋代大学者王应麟把自己的名著命名为《困学纪闻》,明代思想家罗钦顺把自己的名著命名为《困知记》,哲学史研究名家赵纪彬把自己的论文集命名为《困知录》,近代史研究名家罗尔纲把自己的论文集命名为《困学集》。与《论语》并为"四书"之一的《中庸》记孔子曰:"或生而知之,或学而知之,或困而知之,及其知之,一也。"又曰:"人一能之,己百之;人十能之,己千之。果能此道矣,虽愚必明,虽柔必强。"正可作本章的补充。

# 日 知

子夏曰:"日知其所亡,月无忘其所能,可谓好学也已矣。"

(《子张第十九》)

译文:

　　子夏说:"每天知道一点自己不知道的东西,每月不要忘记自己已学会的东西,这就称得上好学了。"

"日知其所亡"是知新,"月无忘其所能"是温故。清代学者陈澧说这两句话"读之似甚浅近,然二者实学问之定法也"(《东塾读书记》)。最堪称典型的,就是明末清初伟大的学者顾炎武及其名著《日知录》。作者题记:

愚自少读书,有所得辄记之。其有不合,时复改定。或古人先我而有者,则遂削之。积三十馀年,乃成一编,取子夏之言,名曰《日知录》,以正后之君子。

兀兀穷年、孜孜不倦已经成为顾氏的生活常态。他的学生潘耒记述:

精力绝人,无他嗜好,自少至老,未尝一日废书。出必载书数簏自随,旅店少休,披寻搜讨,曾无倦色。有一疑义,反复参考,必归于至当。有一独见,援古证今,必畅其说而后止。当代文人才士甚多,然语学问,必敛衽推顾先生。(《日知录序》)

他的朋友王弘撰记述:

每见予辈,或宴饮终日,辄为攒眉。客退,必戒曰:"可惜一日虚度矣!"其勤厉如此。(《山志》)

心中长存日必知其所无之念,自然也就不肯教一日虚度了。

# 理想生活

子曰:"知之者不如好之者,好之者不如乐之者。"

(《雍也第六》)

译文:

孔子说:"知道它的人比不上爱好它的人,爱好它的人比不上以它为快乐的人。"

孙奇逢说:"此夫子自写其学习之趣,一步深一步直到乐处,则不知手之舞之,足之蹈之。"(《四书近指》)既是中国现代心理学先驱、又是孔子研究大家的陈大齐则从心理学角度申述:

本章是励行的言论,阐发理智与情感之应同为行的动力,并指出事实上情感之力尤为直接而强大,故勉励大家,对于既识得其有益的事情,要努力培养爱好的感情。欲有所作为,仅在理智上识得其事之有益而未能在情感上爱好其事,不如既识得其有益而爱好其事。爱好得平淡,可能受他力的阻挠而不惜放弃,不如爱好得特烈,方能排除万难,不达目的不止。(《论语选粹今译》)

梁启超竭力鼓吹生活的价值就在于从自己的工作、自己的职业中领略出趣味,体会到快乐:

凡职业都是有趣味的,只要你肯继续做下去,趣味自然会发生。为什么呢?第一,因为凡一件职业,总有许多层累曲折,倘能身入其中，看他变化进展的状态，最为亲切有味。第二，因为每一职业之成就，离不了奋斗；一步一步的奋斗前去，从刻苦中得快乐，快乐的分量加增。第三，职业的性质，常常要和同业的人比较骈进，好像赛球一般，因竞胜而得快乐。第四，专心做一职业时，把许多游思妄想杜绝了，省却无限闲烦恼。孔子说："知之者不如好之者，好之者不如乐之者。"人生能从自己职业中领略出趣味，生活才有价值。孔子自述生平，说道："其为人也，发愤忘食，乐以忘忧，不知老之将至云尔。"这种生活，真算得人类理想的生活了。（《敬业与乐业》）

　　这样的理想生活，应该不是可望而不可即的。

# 有教无类

子曰:"有教无类。"

(《卫灵公第十五》)

译文:

孔子说:"不论哪类人都应该教育。"

孟子把"得天下英才而教育之"(《孟子·尽心上》)视为君子的最大乐趣之一,这在孔、孟是一脉相承的。孔子号称弟子三千,其中既有贵族,尤多平民。胡适曾揭示说:

他认定了教育可以打破一切阶级与界限,所以曾有这样最大胆的宣言:"有教无类。"这四个字在今日好像很平常;但在二千五百年前,这样平等的教育观必定是很震动社会的一个革命学说。因为"有教无类",所以孔子说:"自行束脩以上,吾未尝无诲焉。"所以他的门下有鲁国的公孙,有货殖的商人,有极贫的原宪,有在缧绁之中的公冶长。因为孔子深信教育可以摧破一切阶级的畛域,所以他终身"为之不厌,诲人不倦"。(《说儒》)

**教育家傅任敢更阐释:**

孔子的意思是说,不要只收某一类学生,不收另一类学生,而要一视同仁,不加歧视;要扩大教育面,而不要限制教育面;要扩散知识,而不要垄断知识。所以他又说过,只要"自行束脩以上"去向他求教,他就没有不教的……孔子的教育活动也证实了"有教无类"的本意。他的学生里面,可以说是形形色色,无所不有。他并不按贫富、贵贱、特长、态度、老少、远近种种类别而有所偏向或歧视。至于孔子首创私人讲学,把学在官府的文化知识,从官府垄断下解放出来,扩散到官府以外,那就更从根本上说明"有教无类"这句话的真意了。(《〈论语〉教育章句析解——孔子教育思想初探》)

不要说当时——就是现在,我们能真正实现"有教无类"的理想么?

# 因人施教

子路问：“闻斯行诸？”子曰：“有父兄在，如之何其闻斯行之！”冉有问：“闻斯行诸？”子曰："闻斯行之。"公西华曰："由也问闻斯行诸，子曰'有父兄在'；求也问闻斯行诸，子曰'闻斯行之'。赤也惑，敢问。"子曰："求也退，故进之；由也兼人，故退之。"

（《先进第十一》）

**译文：**

子路问："听到了就该去做吗？"孔子说："有父亲和兄长在，怎么可以听到就去做！"冉有问："听到了就该去做吗？"孔子说："听到就去做。"公西华说："子路问的是听到了该不该去做，老师说有父亲和兄长在；冉有问的也是听到了该不该去做，老师说听到了就去做。我不明白，斗胆问问原因。"孔子说："冉求一向被动，所以要敦促他；子路总想胜人，所以要抑制他。"

《礼记·学记》说：

学者有四失，教者必知之。人之学也，或失则多，或失则寡，或失则易，或失则止。此四者，心之莫同也。知其心，然后能救其失也。教也者，长善而救其失者也。

学生气质有别，个性不一，教师只有明其差异，因人施教，才不至于南辕北辙，缘木求鱼。对两位学生相同的问题，孔子提供了相反的答案，貌似随心所欲，实则深思熟虑，事小言简，却已足以显现教育家的风范。这种风范历千百年，仍令现代的中外学者仰慕不置。伟大的心理学家荣格说：

并非每个人都需要知道同一件事，而且同一种知识也不应该用同一种方式向众人灌输。这正是我们现代大学里所绝对缺乏的东西——老师与弟子间的这种关系。

有人向荣格提议组建一个探讨东西方思想的研究所，遭到他的拒绝，理由是："在我看来，分配智慧的研究所绝对是个可憎恶的东西。就我所知，孔子和庄子都没有经营过一个研究所。"

# 师徒言志

颜渊、季路侍。子曰:"盍各言尔志?"子路曰:"愿车马衣轻裘,与朋友共,敝之而无憾。"颜渊曰:"愿无伐善,无施劳。"子路曰:"愿闻子之志。"子曰:"老者安之,朋友信之,少者怀之。"

（《公冶长第五》）

译文:

颜渊、子路侍立在侧。孔子说:"何不各自说说你们的志向?"子路说:"愿拿车马衣物,跟朋友共享,用坏也不在乎。"颜渊说:"愿不自炫优点,不自夸功绩。"子路说:"想听听老师的志向。"孔子说:"对老人安抚他们,对朋友信赖他们,对青年关爱他们。"

《礼记·礼运》篇载孔子论及大同理想时称要"使老有所终,壮有所用,幼有所长",其言可跟这里的"老者安之,朋友信之,少者怀之"参观。

这是师生交流的现场实况——孔门中最武的子路、最文的颜回各言其志,前者的豪爽,后者的谦谨,以及老师不温不火的蔼然风度,无不跃然纸上。日本汉学家白川静曾赞叹:"在《论语》中,围绕着孔子,我们能够感受到各色人等的气息……只是一次的问答,就可以令有关的人物浮现出来。"(《孔子传》)这一节正是典型的例证。周作人说:

我喜欢这一章,与其说是因为思想,还不如说因为它的境界好。师弟三人闲居述志,并不像后来文人的说大话,动不动就是揽辔澄清,现在却只是老老实实地说说自己的愿望,虽有大小广狭之不同,其志在博施济众则无异,而说得那么质素,又各有分寸,恰如其人,此正是妙文也。我以为此一章可以见孔门的真气象,至为难得。(《〈论语〉小记》)

而这样切要的点评,同样是"至为难得"的。

## 眼中哪复有馀人

子路、曾皙、冉有、公西华侍坐。子曰:"以吾一日长乎尔,毋吾以也。居则曰:'不吾知也。'如或知尔,则何以哉?"子路率尔而对曰:"千乘之国,摄乎大国之间,加之以师旅,因之以饥馑,由也为之,比及三年,可使有勇,且知方也。"夫子哂之。"求,尔何如?"对曰:"方六七十,如五六十,求也为之,比及三年,可使足民。如其礼乐,以俟君子。""赤,尔何如?"对曰:"非曰能之,愿学焉。宗庙之事,如会同,端章甫,愿为小相焉。""点,尔何如?"鼓瑟希,铿尔,舍瑟而作,对曰:"异乎三子者之撰。"子曰:"何伤乎?亦各言其志也。"曰:"莫春者,春服既成,冠者五六人,童子六七人,浴乎沂,风乎舞雩,咏而归。"

夫子喟然叹曰:"吾与点也。"三子者出,曾皙后。曾皙曰:"夫三子者之言何如?"子曰:"亦各言其志也已矣!"曰:"夫子何哂由也?"曰:"为国以礼,其言不让,是故哂之。""唯求则非邦也与?""安见方六七十如五六十而非邦也者?""唯赤则非邦也与?""宗庙会同,非诸侯而何?赤也为之小,孰能为之大?"

(《先进第十一》)

译文:

　　子路、曾皙、冉有、公西华在旁陪坐。孔子说:"不要因为我比你们年长几天,就觉得不便说。你们平时都说:'没人了解我。'如果有人了解你,那你将做些什么?"子路张口就答:"拥有千辆兵车的国家,夹在大国之间,又有军队入侵,又有饥荒发生,我去治理,等到了第三年,可以使一国的民众不仅有勇气,而且明道义。"孔子笑了笑。"冉求,你怎么样?"冉求回答:"方圆六七十里,或像五六十里的地方,我去治理,等到了第三年,可使百姓富足。至于礼乐教化的事,得等君子来做。""公西赤,你怎么样?"公西华回答:"不敢说自己能够做,但愿意学。宗庙祭祀之类的事,或者像诸侯会盟时,穿礼服、戴礼帽,我愿意充当小傧相。""曾点,你怎么样?"曾点鼓瑟之声渐小,铿地一声停住,放下瑟直起身,回答:"跟他们三位说的不同。"孔子说:"有什么关系啊?也就是各自谈谈自己的志向。"曾点说:"暮春之时,春服已经做好,与五六个成人,六七个童子,到沂水戏戏水,在舞雩坛上吹吹风,歌咏而归。"孔子喟然叹道:"我赞同曾点。"三位同学都离去了,曾皙落在后面。曾皙说:"那三位同学说得怎么样?"孔子说:"也就是各自说说自己的志向而已。"曾皙说:"先生为什么笑仲由?"孔子说:"治国靠礼,他的话很自负,所以笑他。""那冉求说的不是国家的事吗?""怎么见得方圆六七十里或五六十里的地盘就不是国家?""那公西赤说的不是国家吗?""在宗庙里会同,不是诸侯国的事是什么?公西赤当小傧相,谁能当大傧相?"

这是《论语》全书中场景最完整、对话最生动的一节,因此常为文学家津津乐道。胡念贻说:

人们称许这段文字,大都是欣赏它的描写人物的语默动静很传神。的确,这段文字写孔子、子路(仲由)、曾晳(点)、冉有(求)、公西华(赤)几个人在席间的谈话,神情语态都是写得毫发毕现的。不独如此,它还通过这些人物一刹那间的语默动静表现了他们各自的性格特点,孔子自是孔子,子路自是子路,曾晳自是曾晳,都各如其分。这种刻画精细的文字,出现在当时,是不能不令人惊异的。(《从人物形象论〈论语〉的文学价值》)

描写传神、刻画精细是一望可知的;但要理解孔子为什么会独"与点也"则并不一望可知,历代学者留下了众多文字,猜测着各种可能,众说纷纭,莫衷一是。而论直凑单微,或还得推两位大儒,其一是朱熹:

曾点之学,盖有以见夫人欲尽处,天理流行,随处充满,无少欠阙。故其动静之际,从容如此。而其言志,则又不过即其所居之位,乐其日用之常,初无舍己为人之意。而其胸次悠然,直与天地万物上下同流,各得其所之妙,隐然自见于言外。视三子之规规于事为之末者,其气象不侔矣,故夫子叹息而深许之。而门人记其本末独加详焉,盖亦有以识此矣。(《四书章句集注》)

其二是王阳明：

> 王汝中、省曾侍坐。先生握扇命曰："你们用扇。"省曾起对曰："不敢。"先生曰："圣人之学，不是这等捆缚苦楚的，不是装做道学的模样。"汝中曰："观仲尼与曾点言志一章略见。"先生曰："然。以此章观之，圣人何等宽洪包含气象！且为师者问志于群弟子，三子皆整顿以对。至于曾点，飘飘然不看那三子在眼，自去鼓起瑟来，何等狂态。及至言志，又不对师之问目，都是狂言。设在伊川，或斥骂起来了。圣人乃复称许他，何等气象！圣人教人，不是个束缚他通做一般：只如狂者便从狂处成就他，狷者便从狷处成就他。人之才气如何同得？"（《传习录》下）

朱熹称孔子赞许的是曾点不"规规于事为之末"的"气象"，王阳明称孔子表现的是圣人教人"不是个束缚他通做一般"的"气象"，不约而同地用"气象"一词，点出了这一节的关键。蔡仁厚《孔孟荀哲学》特辟一节"曾点传统"，先引朱注，尔后阐述：

> 朱注所说，境界高美。而曾点所谓"浴乎沂，风乎舞雩，咏而归"云云，亦确有"风光霁月，胸怀洒落"之致。在学问义理的层次上，本亦容许人有这种艺术欣趣，以呈现其艺术精神与艺术境界，如《二程遗书》载明道曰："诗可以兴。某自再见周茂叔后，吟风弄月而归，有吾与点也之意。"便正是此种欣趣与意境。

孔子言诗、言乐,言乐山、乐水,又言"饭蔬食,饮水,曲肱而枕之,乐亦在其中矣"。颜子箪食瓢饮,不改其乐。故周濂溪有"寻孔颜乐处"之言。曾点狂者胸次所显示的艺术欣趣,虽不必同于孔颜乐处,亦未尝不可以相通。而曾点的风格,亦自开启一流派。后儒凡言"洒脱""自然""乐",皆可系属于曾点一系。周濂溪、程明道虽不属于这一流,但亦有此意趣。而邵康节则甚为相近矣。下至明儒陈白沙与王门泰州派下,则尤为显著。他们或表现为生活境界与艺术欣趣,或显发为生命丰姿与人品风光,而很少标宗以为义理之矩矱或讲学之宗旨者。即使泰州王心斋的乐学歌,亦仍然是艺术欣趣的意味重。此是曾点传统之特殊处。(按:儒家之学,不只是能开出德性之领域,而且实能构成"德性、智悟、美趣"三度向之立体统一。)

除了为文推其义,析其理,古今学者或还赋诗赞叹,古人如朱熹作《曾点》:

春服初成丽景迟,
步随流水玩晴漪。
微吟缓节归来晚,
一任轻风拂面吹。

今人如钟泰作《铿尔》:

希音绝调鼓来新,

铿尔一声天地春。
风咏不同三子传，
眼中哪复有馀人。

# 大智若愚

子曰："吾与回言终日，不违如愚。退而省其私，亦足以发。回也不愚。"

（《为政第二》）

译文：

孔子说："我跟颜回说一整天，他全无异辞好像很笨。退下来观察他平时的言论，却能多有发挥。颜回并不笨。"

孔子欣赏既好学又善悟、"告诸往而知来者"（《学而第一》）的学生。颜回问学，孔子滔滔不绝，颜回默默以对；但在课下通过观察，知其不但全能领会，而且颇有发挥。先前孔子对颜回的"不违如愚"曾有微词："回也非助我者也，于吾言无所不说。"（《先进第十一》）后来则完全认同了子贡对颜回"闻一以知十"（《公冶长第五》）的极口夸赞。

而颜回最为他人所不及的表现，是"其心三月不违仁"（《雍也第六》）。朱熹告诫学生："大抵为学，虽有聪明之资，必须做迟钝工夫始得。"（《朱子语类》）蒋寅引李颙《四书反身录》语"大凡聪明自用者必不足以入道，颜子唯其'如愚'，所以能于仁不违"而申论曰："此言最中学理，盖成大学问者，必有聪明而不用聪明"（《金陵生小言》），并举钱锺书等学者为例，所说足供后学深思。

# 黯然神伤

子曰:"苗而不秀者有矣夫! 秀而不实者有矣夫!"

(《子罕第九》)

译文:

孔子说:"有长了苗却没有开花的! 有开了花却没有结果的!"

"秀"是吐穗开花,"实"是灌浆结果。在《论语》中紧跟着孔子对颜回的两句赞语:一赞其认真——"语之而不惰",一赞其勤奋——有进而无止,尔后就是这样一声慨叹,所以历代学者多以为这是承前两句而来,是借自然现象来表达对颜回的怀念。(《子罕第九》:"子曰:'语之而不惰者,其回也与!'""子谓颜渊,曰:'惜乎!吾见其进也,未见其止也。'")"苗而不秀"与"秀而不实"因此也成为比喻天资卓异却英年早逝者的常用成语。

　　孔门众弟子中,颜回与老师最志同道合,心心相印。可惜生活贫困,加上用功过度,不幸短命而死。孔子痛哭失声,哀伤不已。(《先进第十一》:"颜渊死,子哭之恸。")后来当鲁哀公问起"弟子孰为好学"时,孔子无比失落地回答:当年有颜回,现在没有了,没再听说谁是好学的了(《雍也第六》:"孔子对曰:'有颜回者好学,不迁怒,不贰过。不幸短命死矣!今也则亡。'")——足见颜回在孔子心目中独一无二的地位。

　　如果不把这两句话跟颜回联系起来,或也可以看作是孔子对有良好培养前途,却因不能持之以恒终于学无所成的学生的惋惜之词。冉有就曾推托:"不是不爱老师的学说,只是我的能力不足。"孔子就曾批评冉有画地为限,"中道而废"(《雍也第六》)。朱熹也以特别不满的口吻谈道:

　　看今世学者病痛,皆在志不立。尝见学者不远千里来此讲学,将谓真以此为事。后来观之,往往只要做二三分人,识

些道理便足。(《朱子语类》)

虽然不乏资质，不无机会，却没有尽力做十分人的意向，就如今人虽然进入大学，成了本科生甚至研究生，却无心于学问，只想混张文凭了事，这也可以被归入"苗而不秀""秀而不实"的半成品之列——但较诸颜回已有主动与被动的分别，所以后者为孔子怀念，前者只能为朱子憎厌了。

# 探病实录

伯牛有疾,子问之,自牖执其手,曰:"亡之,命矣夫! 斯人也而有斯疾也! 斯人也而有斯疾也!"

(《雍也第六》)

译文:

　　冉伯牛得了病,孔子去探望他,从窗户握着他的手,说:"没有办法,真是命啊! 这样的人竟得了这样的病啊! 这样的人竟得了这样的病啊!"

汉儒包咸说：冉伯牛得的是"恶疾，不欲见人"，所以孔子只能从窗户伸手进去握他的手。至于伯牛得的是什么病，引来多种不同猜测，其实既没有必要，也不可能有标准答案。清儒江声甚至臆度："孔子圣，无不通，焉有不知医者？执其手者，切其脉也。既切脉而知其疾不治，故曰：'亡之，命矣夫。'"(《论语俟质》)他真觉得经过这样的"脑补"更能体现"孔子圣"吗？而日本的中国学名家竹内实则举此为例，来揭示《论语》影响之所以"既深且广"的原因：

依我看来，孔子之所以会有那么大的影响力，是因为他通俗地讲解了平凡的事情。与《论语》类似，世界上最畅销的书还有《圣经》，我觉得，它向人们进行伦理道德的说教，有时会给人以深刻的启示：

有一个长大麻风的，来求耶稣，向他跪下说，你若肯，必能叫我洁净了。耶稣动了慈心，就伸手摸他，说，我肯；你洁净了罢。大麻风即时离开他，他就洁净了。

而在《论语》中，也可以看到探望病人

（也许所患的病与上面差不太多）的故事：

伯牛有疾，子问之，自牖执其手，曰："亡之，命矣夫！斯人也而有斯疾也！斯人也而有斯疾也！"

当时，孔子没有进入病室，或许是病人不让他进去。也有可能尽管病人曾热情地邀请，孔子却拒绝了。不过一般想来，那时对这种无法治愈的病情，说不定就有不进入病室的习惯。而无论是哪一种情况，孔子都治不好弟子的病，只能感叹。可是虽然感叹，孔子毕竟还是去探望了他。

按说像孔子那样的人，也可以不去探视病人。可能当时对人力无法治愈的疾病，是有不必去探视的习惯的。

然而，孔子还是去探望了病人，并且感叹过。由于孔子曾经感叹，觉得这个门生的病很难治好，所以当时所说的话便被收录进了《论语》。

我想，如果有谁得了病，人们大概都会像孔子一样去探视病人。当然毫无疑问，未必就一定能像耶稣那样，治好病人的疾病。

从窗户里伸进手去，握着对方的手痛哭，像这些，就是所谓通俗地讲解平凡的事情。不知道《论语》的编纂者是否故意将这本书编成了这样一种风格，所以只收集这方面的词语，说不准还有其他类似的话早已经散失了。而目前残留在《论语》里的孔子言论，大体上都是如此通俗和平凡。不过，对于同样平凡的人来说，它们又显得相当不平凡。

我想，通俗地讲解平凡的事情，称得上是中国思想的一大特色。虽然也有如《庄子》那样的例外，但一般情况确实是如此。这样具有长久生命力的《论语》尽管屡遭批判，却总使人们忘不了孔子，其中原因之一，也许就是在这里。(《文化大革命观察》)

这样体贴的解读，应该比好奇地去猜冉伯牛得的是什么病的哑谜更有意义。

# 眼见为实

始吾于人也，听其言而信其行；今吾于人也，听其言而观其行。

（《公冶长第五》）

译文：

过去我对人，听了他的话就信他的行为；现在我对人，听了他的话还要看他的行为。

孔门高弟宰予"昼寝",孔子不但骂他"朽木不可雕也,粪土之墙不可圬也"（《公冶长第五》），还声称正是以"言语"见长的宰予的行为,终结了他曾对人"听其言而信其行"的旧时代,开辟了他将对人"听其言而观其行"的新时代。

一般理解"昼寝"就是白天睡觉。古人日出而作,日入而息,"贱尺璧而重寸阴,惧乎时之过已"（曹丕《典论·论文》）；而孔子本人又好学不倦,自然不容门徒懒得像猪。但孔子的火气大得有点可疑。王充《论衡·问孔》篇就打抱不平:

> 昼寝之恶也,小恶也；朽木粪土,败毁不可复成之物,大恶也。责小过以大过,安能服人?

有古代学者断定宰予这样的优等生不仅不会懒得像猪,而且必然钢筋铁骨赛过老虎——不可能有打盹儿的时候,乃称这是师徒合演的双簧,原因是宰予看到"后学之徒将有懈废之心生"（释慧琳《论语琳公说》），所以有意假寐,来引发孔子的当众教训,言下之意是赛过老虎的宰予却自愿做鸡,以便让孔子现"宰"了"予"来儆猴。进化至现代,更有既别具只眼又别具匠心的学者索隐揭秘:孔子之所以七窍生烟,事情当然不会只是打个盹儿这么简单,实则"昼寝"乃是白天做爱的隐语,言下之意这里的"寝"不是普通意义上的睡觉,而是阿Q对吴妈的爱情宣言"我和你困觉"中的"困觉",不是大静,而是大动,具体说是宰予一时性起,色胆包天,在光天化日之下干了原本在深更半夜才合适干的没脸面的营生，可惜春光乍泄，不幸被长舌妇般的孔子喋喋不休大肆渲染，被狗仔队般的《论语》作者如获至珍登录在案——天生这样的重口味兼这样的妄想力，不去编电视剧，却来开涮《论语》，实在大材小用，我见犹惜。

"昼寝"还有别的解释，不胜也不必再举——总而言之不是好事。李零说孔子骂宰予的主要原因不在他白天睡觉，而在他言行不一："宰予能说会道，我猜，他在孔子面前发过誓，一定夙夜不懈，勤勉于事，孔子高兴，信以为真，没想到，让他逮个正着，大白天睡觉，所以气不打一处来。"（《丧家狗——我读〈论语〉》）自也不无可能。重要的倒是孔子"气不打一处来"后这句有感而发的牢骚，道出了观人观事的要则，深为后人服膺。如因冤案曾长年遭囚狱中的贾植芳晚年自述：

"文革"前，我遵循儒家教导，对人、对事、对当政者，"听其言而信其行"，即孔子所说的"始吾于人也"。经过五十年代一浪高过一浪的"阶级斗争"的理论与实践的磨炼、反思，我才真正懂得了孔子所说的："今吾于人也，听其言而观其行。"因为实践是检验真理的唯一标准，实践出真知。但对我来说，年幼时在山村读私塾时就耳熟能详的这个知人论世的儒家观点，经过五十年代以迄七十年代中期，才真正做到"理论联系实际"，读懂弄通了，但其代价是我的生命力的超负荷

支出。正如莎士比亚在《皆大欢喜》这出喜剧里所说的："时间是审查一切罪犯的最老练的法官。"(《暮年断想》)

而这样从单纯到复杂的认识转变,是老人经过多年的铁窗生涯才换来的。

# 诗·礼·乐

子曰:"兴于诗,立于礼,成于乐。"

(《泰伯第八》)

译文:

孔子说:"通过诗来引发情感,通过礼来立足社会,通过乐来提升人格。"

据汉儒包咸注,这里的"兴"是起的意思,"言修身当先学诗",而礼"所以立身",乐"所以成性"。经学家高明在《孔子的乐教》中阐述诗、礼、乐三者的关系说:

诗、礼、乐三者,原是有很密切的关系的。古人行礼,常常要歌诗、奏乐。人类的行为,出之于天性,发而为感情,表现于仪文节目的是"礼",表现于语言辞藻的是"诗",表现于声音节奏的是"乐"。诗、礼、乐所表现的,都是人类的情性,只是表现的方式不同而已。譬如一个人遭遇到父母的丧事,这时由天性发出来的,自然是哀恸的感情。哀恸到了极点,就要"三年无改于父之道",而有守"三年之丧"的礼制了。在这三年之中,哀恸思慕,无时或已,《蓼莪》这一类的诗篇也就跟着产生。而配合《蓼莪》这一类诗篇的乐章,当然也是哀感动人的了。诗、礼、乐原本是人类情性的表现,后来教育家却又用来作为陶冶人类情性的工具。在人类情性尚无表现的时候,诗、礼、乐导引人们作正常的表现;在人类情性表现失常的时候,诗、礼、乐也可以匡正人们复归于正常。从诗的语言辞藻里,可以使人有所启发,知道人类情性应如何作正常的表现。从礼的仪文节目里,可以使人有所遵循,实践人类情性的正常表现,好在人类社会中站立得住。从乐的声音节奏里,可以使人有所陶镕,或化乖戾为祥和,或化苦闷为愉悦,俾由人类情性的正常表现,而完成其人格。所以孔子说:"兴于诗,立于礼,成于乐。"这正是从诗、礼、乐的教育作用来说的。

而美学家马采在《孔子与音乐》中则竭力强调"成于乐"的作用:

作为一个本质的音乐家,如此高度评价音乐,这在整部音乐史中可说是绝无仅有的。从修身的意义上,主张音乐是人格完成的最后阶段;从治国的意义上,主张"礼乐刑政,其极一也",把礼和乐与国家的刑法和政治并列起来。看来,即使今天最大胆的艺术至上主义者,恐怕也要瞠乎其后,望尘莫及吧。但我们这里必须注意的,是孔子的这个主张,并不是空中楼阁,而是有根有据的。这一方面是因为有了三代以来的优良传统,另一方面也由于他识破了人类本身的本性。……美总是从人的本性发出来的。只有不是从被规定了的日常生活的道德律,而是从人的内心迸发出来的时候,才有美的存在。

从我们今天日常生活的行为看来,仅仅是适合于礼,在道德上——都很恰当,还是不够的。因为它只是被规定了的机械的行为,而不是出自真正的人性本身。在这里,我们看到行为的主体,并不是人的个性,而是由人构成的社会本身。可是,好的行为并不是社会,而是作为社会的一员的个人的个性,因此,只是适合于被规定了的道德律的行为,实际上并不是道德,也并不是什么的善,因为在这里,没有什么生命的发展,而只是固定的、僵化的东西,不会带来什么进步,孔子看不起这样的道德。

不管是社会,还是个人,为了确保真正的善,朝着新的方向进步、发展,那就必须要有美的某些东西,艺术的某些东西。孔子明确提出:"兴于诗,立于礼,成于乐。"用诗来激发志气,用礼来作为行为的立脚点,用乐来完成人格的修养。我们可以由此看出,音乐在我国古代文化占着多么重要的地位。在孔子看来,音乐本身就是道德,就是具备着一个纯洁的美的世界。孔子清楚地看出这个美的世界。

加缪说得真好:

我不能活着而没有美。(《加缪手记》)

# 诗礼传家

陈亢问于伯鱼曰:"子亦有异闻乎?"

对曰:"未也。尝独立,鲤趋而过庭。曰:'学诗乎?'对曰:'未也。''不学诗,无以言。'鲤退而学诗。他日,又独立,鲤趋而过庭。曰:'学礼乎?'对曰:'未也。''不学礼,无以立。'鲤退而学礼。闻斯二者。"

陈亢退而喜曰:"问一得三:闻诗,闻礼,又闻君子之远其子也。"

(《季氏第十六》)

**译文:**

陈亢问孔鲤:"你听到过特别的教导吗?"

孔鲤回答:"没有啊。有一天他站在那里,我小步疾走从庭中经过他面前。他说:'你学了诗没有?'我回答:'没有。''不学诗,就没有言谈的资粮。'我回去就开始学诗。又有一天,他站在那里,我小步疾走从庭中经过他面前。他说:'你学了礼没有?'我回答:'没有。''不学礼,就没有立身的根本。'我回去就开始学礼。就听过这两次。"

陈亢回去高兴地说:"问了一个问题,得到三个收获:知道了诗的作用,知道了礼的作用,还知道了君子不偏向自己的儿子。"

伯鱼是孔子之子孔鲤的字。《孔子家语》记载,他出生时孔子得到了鲁昭公赐的鲤鱼,为表感念,"因以名鲤,而字伯鱼"。按当时的礼制,以孔子的身份,为了"别嫌疑,厚尊敬"(刘宝楠《论语正义》),父子是分开住的,孔子跟儿子的接触未必特别多于其他学生,从孔鲤的答语即可略知大概。朱光潜说:"礼乐在孔门教育中是基本学科,于此可见。孔子自己是最深于诗礼的人,我们谈《论语》听他的声音笑貌,看他的举止动静,就可以想象到他内心和谐而生活有纪律,怡然自得,蔼然可亲。"(《乐的精神与礼的精神:儒家思想系统的基础》)

本章问答完整,而又意蕴别致。废名说:

《论语》这章书我很喜欢,觉得孔门真是诚实切实。陈亢这个人很老实。伯鱼亦殊可爱,不愧为孔子之子,孔子亦不愧为其父。父亲问他学诗没有,他说没有学,退转来他就学诗。有一天父亲又问他学礼没有,他说没有学,退转来他就学礼。他很有礼貌的把这些话告诉陈亢,临了还要诚恳的说一句:"闻斯二者。"陈亢起初像一个乡下人,问着世兄"子亦有异闻乎?"临了又像大学里的旁听生,偷听了一堂课,喜不过,还要说一点自己老实的心得。(《陈亢》)

由于爱之太深,觉得意犹未尽,他还遗憾我们无从知道陈亢最后这"喜不过"的话,究竟是"告诉给什么人"的——简直有点儿走火入魔了。而不走火入魔,又怎么算得上爱之太深?

扬之水则说：

陈亢问得实在，伯鱼答得诚恳，问者与答者的意态亦觉可爱，其间且见出一个"望之俨然，即之也温，听其言也厉"的孔子，此中人情便因之化作意趣，而活跃在平实与朴拙的文字中。陈亢本来因为好奇而启问，却以所得无奇而觉得欢喜。所谓"君子之远其子"，远，即不厚，亦即平常待之的意思，而亲爱之忱自在其中矣。（《先秦诗文史》）

从"平实与朴拙的文字中"体会出活跃着的"意趣"——这里指示给我们的不仅是解读本章，也是品味全部《论语》的门径。

# 美善合一

子曰:"诵《诗》三百,授之以政,不达;使于四方,不能专对;虽多,亦奚以为?"

(《子路第十三》)

译文:

孔子说:"读了《诗》三百,交给他日常政务,却仍办不好;派他出使他方,也不能用合适的辞令来独立应对;读得虽然多,又有什么用?"

朱熹注:"《诗》本人情,该物理,可以验风俗之盛衰,见政治之得失。其言温厚和平,长于风谕,故诵之者必达于政而能言也。"(《四书章句集注》)朱东润说:

　　盖春秋之时,朝聘盟会,赋诗言志,《诗》三百五篇,在当时固有其实用上之意义,此又后世论《诗》者所不可不知也。(《中国文学批评史大纲》)

　　既是经学研究名家,又是文学批评名家的王梦鸥更说:

　　具有高度审美能力而又给与后世以绝大影响者,是孔子。……在文学方面,他尝谓:"小子何莫学夫诗!""不学诗,无以言。"这可见他对文学的重视。不过,他另外又说:"诵《诗》三百,授之以政,不达;使于四方,不能专对;虽多,亦奚以为?"到了这里,我们可以明白他的审美目的所在:原来他在纯粹的目的后面还有一个更高的具有行为上的实用目的。通常称呼那满足实用目的者为"善",所以孔子之审美目的不止是"美",还兼有"善"。故这个"美"应称为

"尽美尽善",或如他门徒在《大学》篇中所说"止于至善"的"至善"的美。他尝说:"《武》尽美矣,未尽善也。"又说:"《韶》尽美矣,又尽善也。"美善合一的审美态度,等于表示既要其开"花"又要结"实"的态度。这种态度,到了后世,因他在人们心目中的地位过于崇高,无数的人都在努力使自己的一切思想行为合乎孔子,于是这美善合一的审美目的,就成为我们对于艺术之基本观念。(《中国审美思想窥源》)

由此我们也就明白了孔子把《诗》列为必修课教材的主要原因。

# 老去增年是减年

子曰:"父母之年,不可不知也:一则以喜,一则以惧。"

(《里仁第四》)

译文:

　　孔子说:"父母的年纪,不能不谨记:一方面令人高兴,一方面令人悚惧。"

最让渐入老境的诗人冯至怦然心动的是歌德的《年岁》：

年岁是些最可爱的人，

它们送来昨天，送来今日，

我们年轻人正这样度过，

最可爱的生活无忧无虑。

可是年岁它们忽然改变，

再不像过去那样恰如人意。

不愿再赠给，不愿再出借，

它们拿走今天，拿走明日。

时光对青年毫不吝啬，不断赠予，"送来昨天，送来今日"；对老人毫不手软，不停索取，"拿走今天，拿走明日"。冯氏终于"意识到自己占有的岁月正在一天一天地被拿掉，不无悚惧"（《老年的时间与寂寞》）。朋友来函祝贺他的生日，他回信时抄了这首译诗。

诗人"不无悚惧"的原因，正与孔子说的"一则以惧"相同。少年的生日是值得庆贺的成长标志，老人的生日却是具有双重性的：既是更高寿了，也是离死神更近了；前者令人高兴，后者令人悚惧。钱锺书晚年致信谢绝本单位好事的好心人为他庆寿的提议，理由就是："宋诗云：'老去增年是减年。'增一岁当然可以贺之，减一岁则应该吊之。一贺一吊，不是互相抵消了吗？"其言堪为孔说注脚。而这类不知趣的好事的好心人不但热衷给已到一定年龄的老人做寿,且要慷慨加码为还不到一定年龄的老人提前做寿。在台南成功大学终老的女作家苏雪林就曾咬牙切齿:

> 去岁三月底,成功大学与各文艺界强为我举行百岁庆典。我出生于前清光绪二十三年,岁次乙酉,属鸡,时为九十八岁,足龄并未臻百岁。中国人百事不如人,惟喜言寿考,将人所历闰年闰月都算上,强称期颐之寿,我甚恶之。(据张昌华《名家翰墨》影印苏氏信札原件,"期颐"原信误为"颐期")

形式上是祝寿,实质上却带了催熟也就是催命的意味,无怪乎被祝者不喜反怒,要忿忿然"甚恶之"了。对这一切,那些好事的好心人自然是不自觉的。而他们之所以不自觉,是因为他们的头脑太简单;而他们的头脑之所以太简单,是因为他们不读《论语》——只知老人增年之"喜"而不知老人减年之"惧"也。

# 后生可畏

子曰："后生可畏，焉知来者之不如今也？四十、五十而无闻焉，斯亦不足畏也已。"

(《子罕第九》)

译文：

孔子说："年轻人是值得重视的，怎么知道他们将来不如现在这一辈呢？可到了四五十岁还无所成就，那也就不值得重视了。"

这是对青年的羡慕,也是对青年的激励。青年最有希望,因为风华正茂,富于春秋,做什么都不无可能;然而日月逝于上,体貌衰于下,中年乃至老年倏忽即至。朱熹解释得好:

孔子言后生年富力强,足以积学而有待,其势可畏,安知其将来不如我之今日乎?然或不能自勉,至于老而无闻,则不足畏矣。言此以警人,使及时勉学也。(《四书章句集注》)

自诩为英语世界中孔子思想最佳阐释者的美国诗人庞德援孔子语入诗,更直接地宣称:

但是一个人到了五十岁还一无所知

就不值得尊重了(《诗章》)

作家木心曾说:"愚蠢的老者厌恶青年,狡黠的老者妒恨青年,仁智的老者羡慕青年,且想:自己年轻时也曾使老辈们羡慕吗,为何当初一点没有感觉到?"然而遗憾的是,"即使老者很透彻地坦呈了对年轻人的羡慕,年轻人也总是毫不在乎,什么感觉也没有"。(《庖鱼及宾》)

那就让我们多读几遍孔子的教言——试着找找感觉。

# 孔颜乐处

子曰:"饭疏食,饮水,曲肱而枕之,乐亦在其中矣。不义而富且贵,于我如浮云。"

(《述而第七》)

译文:

　　孔子说:"吃粗食,喝清水,弯起胳膊当枕头,快乐也就在其中了。用不义的手段得来的富贵,对我来说就像浮云。"

生活简陋一至于此,但却自觉乐在其中。《朱子语类》记朱熹言:"此乐与贫富自不相干,是别有乐处。如气壮底人,遇热亦不怕,遇寒亦不怕;若气虚,则必为所动矣。"杨万里说:"明天理者乐于内,知天命者轻其外。"既能"内乐而外轻",就能乐而不忧。(《诚斋易传·系辞上》)焦竑有云:

> 疏水曲肱,箪瓢陋巷,孔颜之厄穷抑已甚矣。一则曰"乐在其中",一则曰"不改其乐",此岂勉强以蕲胜之哉!勉强不可以言乐,勉强不可以持久,则孔颜之为乐必有以也。周茂叔尝令二程寻孔颜乐处,非求之孔颜,求诸己而已矣。或曰:吾方忧之冲冲也,何乐之可寻?曰:但谛观忧来何方,作何形相?所依既不立,能依何得生?当体全空,豁然无碍,则转忧为乐,在瞬息间耳。(《焦氏笔乘·续集》)

"尝令二程寻孔颜乐处"的周茂叔是理学大师程颢、程颐的老师,被黄庭坚赞誉为"人品甚高,胸怀洒落,如光风霁月"(《宋史·周敦颐传》)的宋代理学开山周敦颐。

# 待价而沽

子贡曰:"有美玉于斯,韫椟而藏诸? 求善贾而沽诸?"子曰:"沽之哉! 沽之哉! 我待贾者也。"

(《子罕第九》)

译文:

　　子贡说:"这里有块美玉,是放在柜子里收藏起来? 还是求个好价钱卖掉它呢?"孔子说:"卖掉呀! 卖掉呀! 我就等着好价钱啊。"

心无旁骛，一意复礼，既不善投机钻营，也不肯曲意附就，孔子加官进爵施展抱负的希望日趋渺茫。上进心最强的子贡看在眼里，急在心里，忍不住婉转地借美玉作比喻，问老师到底还想不想卖。孔子连声叫卖，但前提是得等个好价钱。《四书章句集注》引范祖禹说"君子未尝不欲仕也，又恶不由其道；士之待礼，犹玉之待贾也"，而"必不枉道以从人"。林语堂则以之为例，赞颂了孔子所具有的令"吾将拜倒其席下"的幽默。《史记·孔子世家》记载，孔子跟弟子走散了，有人告诉子贡：东门有人，额头像唐尧，脖子像皋陶，肩膀像子产，只是从腰往下比夏禹短三寸，又瘦又累的模样活脱脱"若丧家之狗"。子贡"拾金不昧"，一见面就把听来的话原汁原味地上交给了老师。孔子"欣然笑曰"：长相不大像吧，"而谓似丧家之狗，然哉，然哉！"林氏对此大为倾倒：

今日大学学生谁敢据实以告其教授曰"人家说汝若丧家之狗"哉？而子贡竟敢以实告。今日大学教授谁甘承当此一句话？而孔子竟坦然承当之而无惴。此盖最上乘之幽默，毫无寒酸气味，笑得他人，亦笑得自己。吾观其容貌，蔼然可亲，温色可餐，若之何禁人不思恋乎？须知儒生伪，孔子却未尝伪；教授对学生摆架子，孔子却未尝对子贡摆架子。何以知之？孔子果摆架子，则子贡必不以实告矣。(《思孔子》)

孔子对"有美玉于斯"的答问亦然：

夫"沽之哉"何？三代之叫卖声也。孔子学之，而曰我待出卖者，其笑得自己，亦可知矣。……然则孔子与门人燕居之时出以诙谐滑稽之辞，复奚容辩？（同上）

这一节不仅为林语堂所激赏，还被钱锺书作为典故引入了《围城》。且说方鸿渐、赵辛楣、李梅亭、顾尔谦与孙柔嘉同往三闾大学，途经鹰潭，入住一家小店，方、赵二人同房：

辛楣道："咱们这间房最好，沿街，光线最足，床上还有帐子。可是，我不愿睡店里的被褥，回头得另想办法。"鸿渐道："好房间为什么不让给孙小姐？"辛楣指壁上道："你瞧罢。"只见剥落的白粉壁上歪歪斜斜地写着淡墨字："路过鹰潭与王美玉女士恩爱双双题此永久纪念济南许大隆题。"记着中华民国年月日，一算就是昨天晚上写的。后面也像许大隆的墨迹，是首诗："酒不醉人人自醉色不迷人人自迷今朝有缘来相会明日你东我向西。"又写着："大爷去也！"那感叹记号使人想出这位许先生撇着京剧说白的调儿，挥着马鞭子，慷慨激昂的神气。此外有些铅笔小字，都是讲王美玉的，想来是许先生酒醉色迷那一夜以前旁人的手笔，因为许先生的诗就写在"孤王酒醉鹰潭宫王美玉生来好美容"那几个铅笔字身上。

他们一行人外出买车票而未果：

大家没精打采地走回客栈，只见对面一个女人倚门抽烟。这女人尖颧削脸，不知用什么东西烫出来的一头卷发，像中国写意画里的满树梅花,颈里一条白丝围巾,身上绿绸旗袍,光华夺目,可是那面子亮得像小家女人衬旗袍里子用的作料。辛楣拍鸿渐的膊子道:"这恐怕就是'有美玉于斯'了。"鸿渐笑道:"我也这样想。"顾尔谦听他们背诵《论语》,不懂用意,问:"什么?"李梅亭聪明,说:"尔谦,你想这种地方怎会有那样打扮的女子——你们何以背《论语》?"鸿渐道:"你到我们房里来看罢。"

引"有美玉于斯",既明合前已设下伏笔的"王美玉"的芳名,又暗寓了其"沽之哉,沽之哉,我待贾者也"的职业特点,变圣人的自嘲为婊子的广告,天衣无缝,点金成铁,极尽恶劣之能事,亦极尽巧妙之能事。借《论语》为小说人物命名以寓意的还有巴金《家》中满口仁义道德、一肚子男盗女娼的孔教会会长冯乐山——孔子曾言"仁者乐山",冯"乐山"正喻指冯氏身披"仁者"的画皮,更彰显了这个劣绅金玉其外、败絮其中的伪善。钱戏谑,巴沉痛,虽异曲,却同工。

# 想入非非

公山弗扰以费畔，召，子欲往。子路不说，曰："末之也已，何必公山氏之之也！"子曰："夫召我者而岂徒哉？ 如有用我者，吾其为东周乎？"

（《阳货第十七》）

译文：

公山弗扰占据费邑叛离季氏，发来邀请，孔子想去。子路不高兴，说："走投无路也就算了，为什么非去公山氏那里呢！"孔子说："他既然邀我就不会没有打算吧？ 如果真有用我的人，我应该可以让周道重现于东方吧？"

公山弗扰也叫公山不狃,是鲁国最有势力的贵族季氏的家臣。《史记·孔子世家》记载,鲁定公九年,他占据费邑叛离季氏,派人来请孔子。孔子对季氏僭于公室擅权专行久已心怀不满,又渴望推行自己的政治主张,实践自己的政治理想,于是跃跃欲试,甚至脱口而出:"盖周文武起丰镐而王,今费虽小,傥庶几乎!"俨然是想把费邑打造为全面恢复周礼的革命根据地了。从《论语》到《史记》的叙述,我们只看到他在那里想入非非,自说自话,而完全不顾及:一、八字才刚一撇,甚至一撇都没写全;二、公山弗扰作为一介叛臣,何足共图大计;三、费邑弹丸之地,焉能掀起大浪。大概觉得聪明一世的孔子不该糊涂一时到这样不堪的地步,清人崔述、皮锡瑞都怀疑这一章文字的可靠性;今人屈万里更力辩其"绝对与事实不合","简直是诬蔑孔子"(《论语公山弗扰章辨证》)。而李长之则以为孔子的可爱就在这单纯的一厢情愿之中:

孔子对于想实现他的理想是太热心了,有时离事实还很远,他却已经高兴得忘其所以,简直高兴得有点稚气,像一个纯真无邪的小孩子。例如当孔子五十岁时,公山不狃以费畔季氏,使人召孔子。就局面说,这局面本来太小;就事实说,离事实还太远。可是孔子已经高兴起来了,说:"盖周文武起丰镐而王,今费虽小,傥庶几乎!"又说:"夫召我者岂徒哉? 如用我,其为东周乎?"他已经要当周文王、周武王,并且要建设一个周的天下了。在这地方，我说他有些堂吉诃德的精神，因为：其热心似之，其勇气似之，其自负似之，其把利害置于度外似之，其把生活建筑于幻想上更似之。这乃是孔子性格中顶荒唐的成分。好一个可爱的堂吉诃德！可是这都无碍于孔子的伟大。人本来是人，人不是照着逻辑长成的。生命力的源头本来有烟，有雾，水至清则无鱼。从这一方面看，孔子精神在核心处，乃仍是浪漫的。(《孔子与屈原》)

也就是说，只要是个人，有时就免不了会有荒唐的想法乃至荒唐的做法。而完人是不存在的；即使存在，不说可怕，至少也是不可爱的。智慧的王尔德早有高论：

人总该有一点儿不可理喻之处。(《供年轻人使用的短语与哲理》)

# 不怨天，不尤人

子曰："莫我知也夫！"子贡曰："何为其莫知子也？"子曰："不怨天，不尤人，下学而上达。知我者，其天乎！"

（《宪问第十四》）

译文：

孔子说："没人了解我啊！"子贡说："为什么说没人了解老师？"孔子说："我不埋怨天，也不怪罪别人，下学人事，上达天命。了解我的，大概只有天了！"

其道不行当然使孔子深感失望，但他虽然失望却不失态——毕竟人生不如意事常八九，在失望中努力前行是大多数人的常态。汉代孔安国坐实"下学上达"是"下学人事，上达天命"（《论语集解》引）。梁代皇侃说：

下学，学人事。上达，达天命。我既学人事，人事有否有泰，故不尤人。上达天命，天命有穷有通，故我不怨天也。（《论语义疏》）

明代曹端说：

上不怨天：盖人责望于天，而天不副所望则必怨天。圣人无责望天之心，夫何怨？下不尤人：尤，罪之也，有求取人之心而人不我应，必归罪于人。圣人本无求人之意，何尤之有？此处圣人胸中多少洒落明莹，真如光风霁月，无一点私累如此。（《曹月川先生语录》）

不过这是圣人的境界，常人则往往相反，所以孔子说的是"不怨天，不尤人"，而成为最常用成语的则是怨天尤人。

# 无可奈何花落去

子曰:"甚矣吾衰也! 久矣吾不复梦见周公。"

(《述而第七》)

译文:

孔子说:"我衰老得太厉害了! 这么久我都没有再梦见过周公了。"

孔子声明:"周监于二代,郁郁乎文哉!吾从周。"(《八佾第三》)面对礼崩乐坏的现实,一心想维护与恢复周公之道,孜孜以求,念兹在兹,乃至时常梦见周公。《吕氏春秋·博志》篇也载有他"昼日讽诵习业,夜亲见文王、周公旦而问焉"的传说,来说明"用志如此其精也,何事而不达?何为而不成?故曰:'精而熟之,鬼将告之。'非鬼告之也,精而熟之也"。《朱子语类》卷三十四有一段师生研讨实录——

学生问:"梦周公,是真梦否?"

老师答:"当初思欲行周公之道时,必亦是曾梦见。"

学生问:"恐涉于心动否?"

老师答:"心本是个动物,怎教它不动!夜之梦,犹寤之思也。思亦是心之动处,但无邪思可矣,梦得其正何害?心存这事,便梦这事。常人便胡梦了。"

然而存道者心,可以老而不懈;行道者身,不能老而不衰。朱熹推阐说:

孔子盛时,志欲行周公之道,故梦寐之间,如或见之;至其老而不能行也,则无复是心,而亦无复是梦矣,故因此而自叹其衰之甚也。(《四书章句集注》)

无可奈何花落去——不是"无复是心",而实在是心有馀而力不足矣。正如余英时所说,这"表达了孔子对自己老去而不能见

'道'行于世的深切失望"（《论天人之际》第五章《孔子与巫传统》）。

文武双全的南宋一代词人辛弃疾力主抗金不果，多年被迫赋闲，雄心在"了却君王天下事"（《破阵子·醉里挑灯看剑》），结果却"旌旗未卷头先白"（《满江红·过眼溪山》），年华老去，壮志难酬，其名作《贺新郎》上阕：

> 甚矣吾衰矣。
>
> 怅平生、
>
> 交游零落，
>
> 只今馀几！
>
> 白发空垂三千丈，
>
> 一笑人间万事。
>
> 问何物、
>
> 能令公喜？
>
> 我见青山多妩媚，
>
> 料青山、
>
> 见我应如是。
>
> 情与貌，略相似。

径观其言，起句似很普通，就像现在人们久别重逢时脱口而出的套语——我老得很厉害了。只有明其出典，了解孔子眼看政治理想彻底破灭而人生已行将走到尽头的无奈与绝望，才知辛词劈面而来的这一声慨叹中所深蕴的彻骨沉痛。

# 日月经天

叔孙武叔毁仲尼。子贡曰:"无以为也! 仲尼不可毁也。他人之贤者,丘陵也,犹可逾也;仲尼,日月也,无得而逾焉。人虽欲自绝,其何伤于日月乎? 多见其不知量也!"

(《子张第十九》)

译文:

叔孙武叔诋毁孔子。子贡说:"不该做这样的事啊! 孔子是不可诋毁的。其他的贤人如丘陵,还能逾越;仲尼却如日月,是无从逾越的。纵然有人愿自绝于日月,这对日月有什么损害呢? 只显现出他自己的不知轻重罢了!"

学生问王阳明:"叔孙武叔毁仲尼,大圣人如何犹不免于毁谤?"他回答道:"毁谤自外来的,虽圣人如何免得? 人只贵于自修,若自己实实落落是个圣贤,纵然人都毁他,也说他不着。却若浮云掩日,如何损得日的光明? 若自己是个象恭色庄、不坚不介的,纵然没一个人说他,他的恶愿终须一日发露。所以孟子说'有求全之毁,有不虞之誉'。毁誉在外的,安能避得? 只要自修何如尔!"(《传习录》下)

针对鲁国大夫叔孙武叔的诋毁,子贡通过夸张的比喻进行了有力的反击,却也使天平从一个极端倾斜到另一个极端,开创了拔高孔子的先例。据朱维铮概括,自离世迄东汉,孔子形象凡经四变:

由子贡作俑,使孔子由普通贤人一变而为超级贤人;由孟轲发端,荀况定型,使孔子从贤人再变为圣人,凌驾于世俗王侯之上而在人间不得势的圣人;由董仲舒首唱,西汉今文博士们应和,使孔子从不得志的圣人,三变为接受天启、为汉制法的"素王";由王莽赞助在先,刘秀提倡于后,使孔子从奉天命为汉朝预作一部法典的"素王",四变为传达一切天意的通天教主。(《历史的孔子和孔子的历史》)

在以后漫长的历史阶段中,由多种因素的交织作用,孔子的形象更变幻不定,"他的身价随时涨落,人格上下浮动,封号屡次改变,作用代有异说",在真孔子之外塑造着假孔子,在历史的孔子之外形成了孔子的历史。对孔子的崇拜与诋毁在两千五百年间也愈演愈烈，不仅互相消长，甚至互为因果。无意或善意的张大其词尚且令人反胃，更不用说那些"权势者或想做权势者们"别有用心的鼓吹了。鲁迅指出，连袁世凯、孙传芳、张宗昌之流都企图拿孔子来做攫取权力、维护统治的敲门砖，也就活该孔子倒霉：

这三个人，都把孔夫子当作砖头用，但是时代不同了，所以都明明白白的失败了。岂但自己失败而已呢，还带累孔子也更加陷入了悲境。他们都是连字也不大认识的人物，然而偏要大谈什么"十三经"之类（引者按：何止于此——鲁迅还告诉我们：公然宣称自己记不清金钱和姨太太数目的军阀张宗昌不仅重刻了"十三经"，"而且把圣道看作可以由肉体关系来传染的花柳病一样的东西，拿一个孔子后裔的谁来做了自己的女婿"），所以使人们觉得滑稽；言行也太不一致了，就更加令人讨厌。既已厌恶和尚，恨及袈裟，而孔夫子之被利用为或一目的的器具，也从新看得格外清楚起来，于是要打倒他的欲望，也就越加旺盛。所以把孔子装饰得十分尊严时，就一定有找他缺点的论文和作品出现。即使是孔夫子，缺点总也有的，在平时谁也不理会，因为圣人也是人，本是可以原谅的。然而如果圣人之徒出来胡说一通，以为圣人是这样，是那样，所以你也非这样不可的话，人们可就禁不住要笑起来了。

（《在现代中国的孔夫子》）

尽管鱼龙混杂，泥沙俱下，但孔子的历史与历史的孔子一样，都已成为中国历史的重要篇章。美国汉学家顾立雅在他的名著《孔子与中国之道》中写道：

回顾平生，孔子肯定感到自己无所建树：既未能使鲁国的政治现状方面有所改善，也从未得到过掌控一国的职权……对于他这样一个有雄心有远见的人来说，失败当然是一剂苦药。从表面看，他也的的确确是失败了。除掉这些磨难，诽谤是附加的一种考验：《论语》中说权高位重的叔孙武叔不断诋毁孔子；孟子则说孔子受到众多小人骚扰。当时，历史的斯芬克斯之谜并未显示出，总有一天，那个时代所有傲慢的统治者的名字都会被忘掉，而孔子的名字却会被传颂到世界末日。

是的，只要没到世界末日，这世界上就会有人——不仅仅是中国人——不断诵读《论语》，永远记得孔子。

索　引

※按首字拼音排序

## A

哀公问曰:"何为则民服?"孔子对曰:"举直错诸枉,则民服;举枉错诸直,则民不服。"(《为政第二》)/082

## B

伯牛有疾,子问之,自牖执其手,曰:"亡之,命矣夫! 斯人也而有斯疾也! 斯人也而有斯疾也!"(《雍也第六》)/258

## C

陈亢问于伯鱼曰:"子亦有异闻乎?"对曰:"未也。尝独立,鲤趋而过庭。曰:'学诗乎?'对曰:'未也。''不学诗,无以言。'鲤退而学诗。他日,又独立,鲤趋而过庭。曰:'学礼乎?'对曰:'未也。''不学礼,无以立。'鲤退而学礼。闻斯二者。"陈亢退而喜曰:"问一得三:闻诗,闻礼,又闻君子之远其

子也。"（《季氏第十六》）/270

## D

定公问："君使臣，臣事君，如之何？"孔子对曰："君使臣以礼，臣事君以忠。"（《八佾第三》）/086

定公问："一言而可以兴邦，有诸？"孔子对曰："言不可以若是其几也。人之言曰：'为君难，为臣不易。'如知为君之难也，不几乎一言而兴邦乎？"曰："一言而丧邦，有诸？"孔子对曰："言不可以若是其几也。人之言曰：'予无乐乎为君，唯其言而莫予违也。'如其善而莫之违也，不亦善乎？如不善而莫之违也，不几乎一言而丧邦乎？"（《子路十三》）/090

## F

樊迟问知。子曰："务民之义，敬鬼神而远之，可谓知矣。"（《雍也第六》）/096

夫仁者，己欲立而立人，己欲达而达人。（《雍也第六》）/130

## G

公山弗扰以费畔，召，子欲往。子路不说，曰："末之也已，何必公山氏之之也！"子曰："夫召我者而岂徒哉？如有用我者，吾其为东周乎？"（《阳货第十七》）/290

## H

或曰:"以德报怨,何如?"子曰:"何以报德? 以直报怨,以德报德。"(《宪问第十四》)/138

## J

季康子患盗,问于孔子。孔子对曰:"苟子之不欲,虽赏之不窃。"(《颜渊第十二》)/072

季康子问政于孔子。孔子对曰:"政者,正也。子帅以正,孰敢不正?"(《颜渊第十二》)/068

季康子问政于孔子,曰:"如杀无道以就有道,何如?"孔子对曰:"子为政,焉用杀? 子欲善,而民善矣。君子之德风,小人之德草。草上之风,必偃。"(《颜渊十二》)/074

季路问事鬼神。子曰:"未能事人,焉能事鬼?""敢问死?"曰:"未知生,焉知死?"(《先进第十一》)/100

厩焚,子退朝,曰:"伤人乎?"不问马。(《乡党第十》)/092

## K

孔子曰:"君子有三戒: 少之时,血气未定,戒之在色;及其壮也,血气方刚,戒之在斗;及其老也,血气既衰,戒之在得。"(《季氏第十六》)/144

孔子曰:"生而知之者,上也;学而知之者,次也;困而学

之,又其次也;困而不学,民斯为下矣。"(《季氏第十六》)/230

## M

孟武伯问孝。子曰:"父母唯其疾之忧。"(《为政第二》)/108

孟懿子问孝。子曰:"无违。"樊迟御,子告之曰:"孟孙问孝于我,我对曰'无违'。"樊迟曰:"何谓也?"子曰:"生,事之以礼;死,葬之以礼,祭之以礼。"(《为政第二》)/104

## R

人不知而不愠,不亦君子乎? (《学而第一》)/008

## S

始吾于人也,听其言而信其行;今吾于人也,听其言而观其行。(《公冶长第五》)/262

叔孙武叔毁仲尼。子贡曰:"无以为也! 仲尼不可毁也。他人之贤者,丘陵也,犹可逾也;仲尼,日月也,无得而逾焉。人虽欲自绝,其何伤于日月乎? 多见其不知量也!"(《子张第十九》)/300

## X

宪问耻。子曰:"邦有道,穀;邦无道,穀,耻也。"(《宪问第十四》)/186

学而时习之，不亦说乎？（《学而第一》）/002

## Y

颜渊、季路侍。子曰："盍各言尔志？"子路曰："愿车马衣轻裘，与朋友共，敝之而无憾。"颜渊曰："愿无伐善，无施劳。"子路曰："愿闻子之志。"子曰："老者安之，朋友信之，少者怀之。"（《公冶长第五》）/244

颜渊问仁。子曰："克己复礼为仁。一日克己复礼，天下归仁焉。为仁由己，而由人乎哉？"颜渊曰："请问其目？"子曰："非礼勿视，非礼勿听，非礼勿言，非礼勿动。"颜渊曰："回虽不敏，请事斯语矣。"（《颜渊十二》）/020

有朋自远方来，不亦乐乎？（《学而第一》）/006

## Z

曾子曰："君子思不出其位。"（《宪问第十四》）/206

曾子曰："君子以文会友，以友辅仁。"（《颜渊第十二》）/174

曾子曰："吾日三省吾身：为人谋而不忠乎？与朋友交而不信乎？传不习乎？"（《学而第一》）/156

仲弓问仁。子曰："出门如见大宾，使民如承大祭。己所不欲，勿施于人。在邦无怨，在家无怨。"（《颜渊第十二》）/124

子贡问曰："有一言而可以终身行之者乎？"子曰："其恕乎！己所不欲，勿施于人。"（《卫灵公第十五》）/126

子贡曰:"贫而无谄,富而无骄,何如?"子曰:"可也。未若贫而乐,富而好礼者也。"(《学而第一》)/196

子贡曰:"有美玉于斯,韫椟而藏诸? 求善贾而沽诸?"子曰:"沽之哉! 沽之哉! 我待贾者也。"(《子罕第九》)/286

子贡曰:"纣之不善,不如是之甚也。是以君子恶居下流,天下之恶皆归焉。"(《子张第十九》)/216

子绝四:毋意,毋必,毋固,毋我。(《子罕第九》)/148

子路、曾皙、冉有、公西华侍坐。子曰:"以吾一日长乎尔,毋吾以也。居则曰:'不吾知也。'如或知尔,则何以哉?"子路率尔而对曰:"千乘之国,摄乎大国之间,加之以师旅,因之以饥馑,由也为之,比及三年,可使有勇,且知方也。"夫子哂之。"求,尔何如?"对曰:"方六七十,如五六十,求也为之,比及三年,可使足民。如其礼乐,以俟君子。""赤,尔何如?"对曰:"非曰能之,愿学焉。宗庙之事,如会同,端章甫,愿为小相焉。""点,尔何如?"鼓瑟希,铿尔,舍瑟而作,对曰:"异乎三子者之撰。"子曰:"何伤乎? 亦各言其志也。"曰:"莫春者,春服既成,冠者五六人,童子六七人,浴乎沂,风乎舞雩,咏而归。"夫子喟然叹曰:"吾与点也。"三子者出,曾皙后。曾皙曰:"夫三子者之言何如?"子曰:"亦各言其志也已矣!"曰:"夫子何哂由也?"曰:"为国以礼,其言不让,是故哂之。""唯求则非邦也与?""安见方六七十如五六十而非邦也者?""唯赤则非邦也与?""宗庙会同,非诸侯而何? 赤也为之小,孰能为之大?"

　　子路使子羔为费宰。子曰:"贼夫人之子。"子路曰:"有民人焉,有社稷焉,何必读书,然后为学?"子曰:"是故恶夫佞者。"(《先进第十一》)/056

　　子路宿于石门。晨门曰:"奚自?"子路曰:"自孔氏。"曰:"是知其不可而为之者与?"(《宪问第十四》)/152

　　子路问:"闻斯行诸?"子曰:"有父兄在,如之何其闻斯行之!"冉有问:"闻斯行诸?"子曰:"闻斯行之。"公西华曰:"由也问闻斯行诸,子曰'有父兄在';求也问闻斯行诸,子曰'闻斯行之'。赤也惑,敢问。"子曰:"求也退,故进之;由也兼人,故退之。"(《先进第十一》)/242

　　子夏问孝。子曰:"色难。有事,弟子服其劳,有酒食,先生馔,曾是以为孝乎?"(《为政第二》)/112

　　子夏曰:"博学而笃志,切问而近思,仁在其中矣。"(《子张第十九》)/044

　　子夏曰:"日知其所亡,月无忘其所能,可谓好学也已矣。"(《子张第十九》)/232

　　子曰:"饱食终日,无所用心,难矣哉! 不有博弈者乎? 为之,犹贤乎已。"(《阳货第十七》)/202

　　子曰:"不患无位,患所以立。不患莫己知,求为可知也。"(《里仁第四》)/182

　　子曰:"朝闻道,夕死可矣。"(《里仁第四》)/026

子曰:"辞达而已矣。"(《卫灵公第十五》)/226

子曰:"道千乘之国,敬事而信,节用而爱人,使民以时。"(《学而第一》)/060

子曰:"道之以政,齐之以刑,民免而无耻;道之以德,齐之以礼,有耻且格。"(《为政第二》)/078

子曰:"饭疏食,饮水,曲肱而枕之,乐亦在其中矣。不义而富且贵,于我如浮云。"(《述而第七》)/284

子曰:"父母之年,不可不知也:一则以喜,一则以惧。"(《里仁第四》)/278

子曰:"古之学者为己,今之学者为人。"(《宪问第十四》)/034

子曰:"后生可畏,焉知来者之不如今也?四十、五十而无闻焉,斯亦不足畏也已。"(《子罕第九》)/282

子曰:"见贤思齐焉,见不贤而内自省也。"(《里仁第四》)/176

子曰:"君子不器。"(《为政第二》)/030

子曰:"君子成人之美,不成人之恶。小人反是。"(《颜渊第十二》)/116

子曰:"君子疾没世而名不称焉。"(《卫灵公第十五》)/158

子曰:"君子食无求饱,居无求安,敏于事而慎于言,就有道而正焉,可谓好学也已。"(《学而第一》)/194

子曰:"君子欲讷于言而敏于行。"(《里仁第四》)/180

子曰:"君子喻于义,小人喻于利。"(《里仁第四》)/198

子曰:"可与言而不与之言,失人;不可与言而与之言,失言。知者不失人,亦不失言。"(《卫灵公第十五》)/220

子曰:"苗而不秀者有矣夫! 秀而不实者有矣夫!"(《子罕第九》)/254

子曰:"莫我知也夫!"子贡曰:"何为其莫知子也?"子曰:"不怨天,不尤人,下学而上达。知我者,其天乎!"(《宪问第十四》)/294

子曰:"宁武子,邦有道则知,邦无道则愚。其知可及也,其愚不可及也。"(《公冶长第五》)/224

子曰:"其身正,不令而行;其身不正,虽令不从。"(《子路第十三》)/064

子曰:"人而无信,不知其可也。大车无輗,小车无軏,其何以行之哉?"(《为政第二》)/142

子曰:"三人行,必有我师焉,择其善者而从之,其不善者而改之。"(《述而第七》)/038

子曰:"甚矣吾衰也! 久矣吾不复梦见周公。"(《述而第七》)/296

子曰:"士志于道,而耻恶衣恶食者,未足与议也。"(《里仁第四》)/190

子曰:"诵《诗》三百,授之以政,不达;使于四方,不能专对;虽多,亦奚以为?"(《子路第十三》)/274

子曰："岁寒,然后知松柏之后凋也。"(《子罕第九》)/166

子曰："温故而知新,可以为师矣。"(《为政第二》)/046

子曰："吾十有五而志于学,三十而立,四十而不惑,五十而知天命,六十而耳顺,七十而从心所欲不逾矩。"(《为政第二》)/012

子曰："吾与回言终日,不违如愚。退而省其私,亦足以发。回也不愚。"(《为政第二》)/252

子曰："乡原,德之贼也。"(《阳货第十七》)/210

子曰："兴于诗,立于礼,成于乐。"(《泰伯第八》)/266

子曰："学而不思则罔,思而不学则殆。"(《为政第二》)/048

子曰："由,诲女知之乎?知之为知之,不知为不知,是知也。"(《为政第二》)/052

子曰："有教无类。"(《卫灵公第十五》)/238

子曰："知者乐水,仁者乐山;知者动,仁者静;知者乐,仁者寿。"(《雍也第六》)/170

子曰："知之者不如好之者,好之者不如乐之者。"(《雍也第六》)/234

子曰："志士仁人,无求生以害仁,有杀身以成仁。"(《卫灵公第十五》)/134

子曰："志于道,据于德,依于仁,游于艺。"(《述而第七》)/016

子曰："中庸之为德也,其至矣乎!民鲜久矣!"(《雍也第六》)/120

子曰："众恶之,必察焉;众好之,必察焉。"(《卫灵公第十五》)/214

子曰："主忠信,毋友不如己者,过则勿惮改。"(《子罕第九》)/040

子在川上曰："逝者如斯夫,不舍昼夜!"(《子罕第九》)/162

发。回也不愚。"/252

哀公问曰："何为则民服？"孔子对曰："举直错诸枉，则民服；举枉错诸直，则民不服。"/082

子曰："人而无信，不知其可也。大车无輗，小车无軏，其何以行之哉？"/142

子曰："吾十有五而志于学，三十而立，四十而不惑，五十而知天命，六十而耳顺，七十而从心所欲不逾矩。"/012

子曰："君子不器。"/030

子曰："温故而知新，可以为师矣。"/046

子曰："学而不思则罔，思而不学则殆。"/048

子曰："由，诲女知之乎？知之为知之，不知为不知，是知也。"/052

子曰："道之以政，齐之以刑，民免而无耻；道之以德，齐之以礼，有耻且格。"/078

孟懿子问孝。子曰："无违。"樊迟御，子告之曰："孟孙问孝于我，我对曰'无违'。"樊迟曰："何谓也？"子曰："生，事之以礼；死，葬之以礼，祭之以礼。"/104

孟武伯问孝。子曰："父母唯其疾之忧。"/108

子夏问孝。子曰："色难。有事，弟子服其劳，有酒食，先生馔，曾是以为孝乎？"/112

## 八佾第三

定公问:"君使臣,臣事君,如之何?"孔子对曰:"君使臣以礼,臣事君以忠。"/086

## 里仁第四

子曰:"朝闻道,夕死可矣。"/026

子曰:"士志于道,而耻恶衣恶食者,未足与议也。"/190

子曰:"不患无位,患所以立。不患莫己知,求为可知也。"/182

子曰:"君子喻于义,小人喻于利。"/198

子曰:"见贤思齐焉,见不贤而内自省也。"/176

子曰:"父母之年,不可不知也:一则以喜,一则以惧。"/278

子曰:"君子欲讷于言而敏于行。"/180

## 公冶长第五

始吾于人也,听其言而信其行;今吾于人也,听其言而观其行。/262

子曰:"宁武子,邦有道则知,邦无道则愚。其知可及也,其愚不可及也。"/224

颜渊、季路侍。子曰:"盍各言尔志?"子路曰:"愿车马衣轻裘,与朋友共,敝之而无憾。"颜渊曰:"愿无伐善,无施劳。"

子路曰:"愿闻子之志。"子曰:"老者安之,朋友信之,少者怀

之。"/244

## 雍也第六

伯牛有疾,子问之,自牖执其手,曰:"亡之,命矣夫! 斯人

也而有斯疾也! 斯人也而有斯疾也!"/258

子曰:"知之者不如好之者,好之者不如乐之者。"/234

樊迟问知。子曰:"务民之义,敬鬼神而远之,可谓知

矣。"/096

子曰:"知者乐水,仁者乐山;知者动,仁者静;知者乐,仁

者寿。"/170

子曰:"中庸之为德也,其至矣乎! 民鲜久矣!"/120

夫仁者,己欲立而立人,己欲达而达人。/130

## 述而第七

子曰:"甚矣吾衰也! 久矣吾不复梦见周公。"/296

子曰:"志于道,据于德,依于仁,游于艺。"/016

子曰:"饭疏食,饮水,曲肱而枕之,乐亦在其中矣。不义

而富且贵,于我如浮云。"/284

子曰:"三人行,必有我师焉,择其善者而从之,其不善者

而改之。"/038

## 泰伯第八

子曰:"兴于诗,立于礼,成于乐。"/266

## 子罕第九

子绝四:毋意,毋必,毋固,毋我。/148

子贡曰:"有美玉于斯,韫椟而藏诸? 求善贾而沽诸?"子曰:"沽之哉! 沽之哉! 我待贾者也。"/286

子在川上曰:"逝者如斯夫,不舍昼夜!"/162

子曰:"苗而不秀者有矣夫! 秀而不实者有矣夫!"/254

子曰:"后生可畏,焉知来者之不如今也? 四十、五十而无闻焉,斯亦不足畏也已。"/282

子曰:"主忠信,毋友不如己者,过则勿惮改。"/040

子曰:"岁寒,然后知松柏之后凋也。"/166

## 乡党第十

厩焚,子退朝,曰:"伤人乎?"不问马。/092

## 先进第十一

季路问事鬼神。子曰:"未能事人,焉能事鬼?""敢问死?"曰:"未知生,焉知死?"/100

子路问:"闻斯行诸?"子曰:"有父兄在,如之何其闻斯行之!"冉有问:"闻斯行诸?"子曰:"闻斯行之。"公西华曰:"由也问闻斯行诸,子曰'有父兄在';求也问闻斯行诸,子曰'闻斯行之'。赤也惑,敢问。"子曰:"求也退,故进之;由也兼人,故退之。"/242

子路使子羔为费宰。子曰:"贼夫人之子。"子路曰:"有民人焉,有社稷焉,何必读书,然后为学?"子曰:"是故恶夫佞者。"/056

子路、曾皙、冉有、公西华侍坐。子曰:"以吾一日长乎尔,毋吾以也。居则曰:'不吾知也。'如或知尔,则何以哉?"子路率尔而对曰:"千乘之国,摄乎大国之间,加之以师旅,因之以饥馑,由也为之,比及三年,可使有勇,且知方也。"夫子哂之。"求,尔何如?"对曰:"方六七十,如五六十,求也为之,比及三年,可使足民。如其礼乐,以俟君子。""赤,尔何如?"对曰:"非曰能之,愿学焉。宗庙之事,如会同,端章甫,愿为小相焉。""点,尔何如?"鼓瑟希,铿尔,舍瑟而作,对曰:"异乎三子者之撰。"子曰:"何伤乎?亦各言其志也。"曰:"莫春者,春服既成,冠者五六人,童子六七人,浴乎沂,风乎舞雩,咏而归。"夫子喟然叹曰:"吾与点也。"三子者出,曾皙后。曾皙曰:"夫三子者之言何如?"子曰:"亦各言其志也已矣!"曰:"夫子何哂由也?"曰:"为国以礼,其言不让,是故哂之。""唯求则非邦也与?""安见方六七十如五六十而非邦也者?""唯赤则非邦也与?""宗庙会同,非诸侯而何?赤也为之小,孰能为之大?"/247

## 颜渊十二

颜渊问仁。子曰："克己复礼为仁。一日克己复礼，天下归仁焉。为仁由己，而由人乎哉？"颜渊曰："请问其目？"子曰："非礼勿视，非礼勿听，非礼勿言，非礼勿动。"颜渊曰："回虽不敏，请事斯语矣。"/ 020

仲弓问仁。子曰："出门如见大宾，使民如承大祭。己所不欲，勿施于人。在邦无怨，在家无怨。"/ 124

子曰："君子成人之美，不成人之恶。小人反是。"/ 116

季康子问政于孔子。孔子对曰："政者，正也。子帅以正，孰敢不正？"/ 068

季康子问政于孔子，曰："如杀无道以就有道，何如？"孔子对曰："子为政，焉用杀？子欲善，而民善矣。君子之德风，小人之德草。草上之风，必偃。"/ 074

季康子患盗，问于孔子。孔子对曰："苟子之不欲，虽赏之不窃。"/ 072

曾子曰："君子以文会友，以友辅仁。"/ 174

## 子路第十三

子曰："诵《诗》三百，授之以政，不达；使于四方，不能专对；虽多，亦奚以为？"/ 274

子曰："其身正，不令而行；其身不正，虽令不从。"/ 064

定公问:"一言而可以兴邦,有诸?"孔子对曰:"言不可以若是其几也。人之言曰:'为君难,为臣不易。'如知为君之难也,不几乎一言而兴邦乎?"曰:"一言而丧邦,有诸?"孔子对曰:"言不可以若是其几也。人之言曰:'予无乐乎为君,唯其言而莫予违也。'如其善而莫之违也,不亦善乎? 如不善而莫之违也,不几乎一言而丧邦乎?"/090

## 宪问第十四

宪问耻。子曰:"邦有道,穀;邦无道,穀,耻也。"/186

子曰:"古之学者为己,今之学者为人。"/034

曾子曰:"君子思不出其位。"/206

或曰:"以德报怨,何如?"子曰:"何以报德? 以直报怨,以德报德。"/138

子曰:"莫我知也夫!"子贡曰:"何为其莫知子也?"子曰:"不怨天,不尤人,下学而上达。知我者,其天乎!"/294

子路宿于石门。晨门曰:"奚自?"子路曰:"自孔氏。"曰:"是知其不可而为之者与?"/152

## 卫灵公第十五

子曰:"可与言而不与之言,失人;不可与言而与之言,失言。知者不失人,亦不失言。"/220

子曰:"志士仁人,无求生以害仁,有杀身以成仁。"/134

子曰："君子疾没世而名不称焉。"/158

子贡问曰："有一言而可以终身行之者乎?"子曰："其恕乎!己所不欲,勿施于人。"/126

子曰："众恶之,必察焉;众好之,必察焉。"/214

子曰："有教无类。"/238

子曰："辞达而已矣。"/226

## 季氏第十六

孔子曰："君子有三戒:少之时,血气未定,戒之在色;及其壮也,血气方刚,戒之在斗;及其老也,血气既衰,戒之在得。"/144

孔子曰："生而知之者,上也;学而知之者,次也;困而学之,又其次也;困而不学,民斯为下矣。"/230

陈亢问于伯鱼曰："子亦有异闻乎?"对曰："未也。尝独立,鲤趋而过庭。曰:'学诗乎?'对曰:'未也。''不学诗,无以言。'鲤退而学诗。他日,又独立,鲤趋而过庭。曰:'学礼乎?'对曰:'未也。''不学礼,无以立。'鲤退而学礼。闻斯二者。"陈亢退而喜曰:"问一得三:闻诗,闻礼,又闻君子之远其子也。"/270

## 阳货第十七

公山弗扰以费畔,召,子欲往。子路不说,曰:"末之也已,何必公山氏之之也!"子曰:"夫召我者而岂徒哉? 如有用我者,

吾其为东周乎?"/290

子曰:"乡原,德之贼也。"/210

子曰:"饱食终日,无所用心,难矣哉! 不有博弈者乎? 为之,犹贤乎已。"/202

## 子张第十九

子夏曰:"日知其所亡,月无忘其所能,可谓好学也已矣。"/232

子夏曰:"博学而笃志,切问而近思,仁在其中矣。"/044

子贡曰:"纣之不善,不如是之甚也。是以君子恶居下流,天下之恶皆归焉。"/216

叔孙武叔毁仲尼。子贡曰:"无以为也! 仲尼不可毁也。他人之贤者,丘陵也,犹可逾也;仲尼,日月也,无得而逾焉。人虽欲自绝,其何伤于日月乎? 多见其不知量也!"/300

# 后　记

　　因是普及读物，限于篇幅不能求全，限于水平不能求深，所以对《论语》原文理解上触处皆是的歧义不展开讨论。欲求全求深的读者，自宜另择其他著作。

　　也因是普及读物，旧版引文往往只称作者，而书名或篇名多付阙如。责任编辑胡正娟副编审建议补标，既方便了读者，还为本书平添了"学术"色彩。她细心地帮我做了大量工作，耐心地容忍我对几次校样一改再改，谨此申谢。

二〇二四年暮春